Gestión documental del transporte por carretera

55 modelos para gestionar desde la oferta hasta la entrega de la mercancía

Eva María Hernández Ramos

Con la colaboración de:

www.logisnet.com

Colección: Biblioteca de logística
Director: David Soler

Gestión documental del transporte por carretera
1.ª edición, 2020

© 2019, Eva María Hernández Ramos
© de esta edición, incluido el diseño de la cubierta, ICG Marge, SL

Edita: Marge Books
Brutau, 160 - 08203 Sabadell (Barcelona)
Tel. 931 429 486 – marge@margebooks.com
www.margebooks.com

Gestión editorial: Adrià Gibernau
Compaginación: Mercedes Lara
Impresión: Prodigitalk, SL (Martorell, Barcelona)

ISBN edición impresa: 978-84-17903-17-6
ISBN edición digital: 978-84-17903-18-3
Depósito Legal: B 2760-2020

 El papel empleado en este libro no ha sido blanqueado con cloro elemental (CI_2).

A mi familia:
María José Ramos, mi madre.
Mi hermana, Araceli Hernández, y su esposo, Alberto Macía.
Mis sobrinos, Alejandro, Triana y Cayetana.
Semper altius

Índice

La autora

Abogada y primera mujer maestra de las cargas en camión y contenedor, y primera en el mundo en ser distinguida como Expert Member EUMOS, **Eva María Hernández Ramos** es licenciada en Derecho, especializada en negocios internacionales, derecho marítimo y de transporte. Máster en Supply Chain Management, PRL y Mediación. Premio Innovación 2017 Mideamérica. Coautora de las fichas de estiba y autora del Protocolo de responsabilidad jurídica - *Safety Cards*. Ha sido nominada al Premio Economist & Jurist de Excelencia en Práctica Jurídica, así como al mejor caso real y mejor artículo jurídico-doctrinal en 2019. Ha sido nominada a los Premios Economist & Jurist 2020 en cinco categorías, entre ellas al único instituto español por la calidad de sus trabajos. Es ganadora del Premio Nacional de Ley en Derecho Marítimo 2020.

Ha trabajado como abogada *in-house* en el grupo Inex Inversiones, Mideamérica y Quality Resorts. Actualmente, es la directora y socia del área legal de iSEC (Instituto para la Seguridad en las Cargas), y presidenta del Instituto Alana.

Es autora del libro *Normativa de estiba en carretera. Claves, soluciones y modelos para estibar y trincar cargas,* y coautora de *Manifiesto Ciberhumanista, Manual del comercio electrónico,* y de *Cadena de suministro 4.0,* y autora de los manuales *Preguntas y respuestas clave sobre normativa de drones, Gran manual de estiba terrestre,* y de *Guía de introducción a la estiba,* así como de numerosos manuales y publicaciones en estiba de cargas como la *Guía vasca de estiba de mercancías por carretera* o la *Guía de estiba del sector del papel y la madera.*

Es colaboradora en prensa *(Aquí Medios de Comunicación, Informativo Jurídico, Economist & Jurist* y la revista *El Vigía),* y pionera en derecho de estiba y amarre. Dirige el *Especialista Universitario de derecho de estiba* en la UCAM, y forma parte activa del Congreso CET organizado por la Asociación Española de Derecho Aeronáutico y Espacial (AEDAE) y la Universidad Complutense de Madrid.

Ha impartido formación en materia de estiba a todos los cuerpos instructores en España: Mossos d'Esquadra, Guardia Civil, Policía de Asturias y Ertzaintza.

Dirige y tutela la mesa de trabajo en paquetería y grupaje española, mesa en la que se está elaborando la primera Guía de transformación digital de logística urbana, apoyada por el Ayuntamiento de Benidorm, y ha dictado un gran número de conferencias en muy diversos foros.

www.evahernandezramos.com
direccion@grupoalana.es

Prólogo

Hace ya muchos años que trabajo con Eva Hernández. A pesar de ello, siempre me sorprende con ese torbellino de ideas, soluciones y propuestas que emergen de su cabeza, como un manantial interminable.

Cuando comenzamos a trabajar juntos, una de las primeras cosas en las que coincidimos y fusionamos conocimientos fue en la creación de la ficha de estiba, un documento estandarizado que permite a las empresas transmitir instrucciones o recomendaciones sobre estiba de mercancías, pactos, certificados y múltiples informaciones sobre las cargas. Paralelamente a ello, comenzamos a escribir diversos libros, como el *Manual del comercio electrónico,* el *Manifiesto Ciberhumanista* y algunas guías relacionadas con la estiba en el transporte.

Eva, por su parte, ha creado infinidad de desarrollos, como los estándares EHR, unos documentos tipo que profundizan en algunos temas que anteriormente no se habían tratado de manera adecuada. O los decálogos EHR, otro formato que da pie de una manera estandarizada a tratar temas relacionados con la transformación digital.

Qué decir de su obra *Normativa de estiba en carretera,* también editada por Marge Books en su Biblioteca de logística. Frente a la aridez de los libros jurídicos, Eva ha conseguido plasmar un tema tan complejo de una manera enormemente sencilla, a partir de un sistema de pregunta-respuesta, con ilustraciones didácticas y en un lenguaje cercano.

A parte de ello, ha creado la colección «Tesoros literarios del transporte», en la que se crean historias basadas en sentencias para exponer, de una manera visual, temas complejos de Derecho, explicados de modo que se hacen fácilmente comprensibles para un amplio público.

Por otro lado, en muchos de los cursos que imparte, Eva incluye un kit de materiales compuesto por modelos de contratos, plantillas, casos prácticos y ejemplos, entre otros elementos. Por eso, cuando me comentó que quería hacer un libro que recogiese muchos de sus desarrollos y otros nuevos, me sorprendió en parte, pero entendí que era un producto lógico de la inagotable factoría *made in Eva Hernández*.

Y es que todo lo que he comentado coincide en un estilo común. Un patrón: Eva ordena y estandariza temas y cuestiones que antes nadie se había atrevido a hacer. Y todo eso aporta un enorme valor, ya que una cosa es presentar un formato para una solución puntual y otra cosa muy distinta crear estándares. Dicho con un ejemplo. Una cosa es que una empresa desarrolle una plantilla para emitir un documento de control administrativo en el transporte nacional. Y otra cosa muy distinta es crear un modelo jurídica y operativamente excelente para que todas las empresas puedan emplearlo.

Así que este libro está lleno de desarrollos y creaciones que pueden aportar un enorme valor a las operativas habituales en el transporte por carretera. No solo porque son documentos muy prácticos y ágiles, sino porque además, detrás de cada uno de ellos hay un trabajo de investigación, análisis legal, estudio operativo y años de experiencia en primera línea de la actividad profesional.

Enhorabuena a Eva por este gran trabajo y espero que su contenido os sea de gran utilidad.

Luis Carlos Hernández Barrueco
Logístico, profesor, escritor y empresario
del sector de la formación

Gestión documental del transporte por carretera

Introducción

La misión de este manual es contribuir a formalizar una cultura logística mediante la estandarización de la documentación que se utiliza en los procesos del transporte por carretera e intermodal, tanto por empresas cargadoras o expedidoras como por empresas transportistas.

Este libro ofrece una visión de 360º de la gestión documental del transporte por carretera y multimodal, desde la oferta comercial inicial hasta la entrega de la mercancía en su destino final, tanto para operaciones de transporte nacional como internacional. Un compendio de definiciones, modelos, plantillas y documentos para gestionar la cadena de transporte con la seguridad de cumplir con los estándares de calidad y seguridad necesarios. Los documentos y modelos incluidos en este manual pueden integrarse en los sistemas de gestión corporativa de las empresas y sus aplicaciones digitales, así como facilitarlos a las empresas clientes y proveedoras para que los profesionales de una misma cadena de suministro utilicen los mismos soportes documentales.

Cada documento se presenta con una definición de su contenido y su funcionalidad, se expone quién lo genera y quién y lo recibe, y se detalla la reglamentación legal sobre la que se fundamenta.

Preguntas como: ¿Qué es una orden de carga, hay un modelo determinado? ¿Es necesario tener un contrato de transporte o es suficiente con la carta de porte? ¿Qué diferencia existe entre un contrato de transporte y sus términos y condiciones? ¿Cómo cumplir la normativa de estiba y evitar sanciones? Si la mercancía se daña, ¿existen plantillas para gestionar reclamaciones? ¿Y modelos de reclamación al seguro? ¿Hay modelos de proceso interno para cumplir la coordinación de actividades empresariales y evitar responsabilidades civiles y penales?

Mi experiencia como formadora de pymes y grandes multinacionales, y como conferenciante, me indica que solo un 10 % de las empresas realiza un correcto uso de los documentos, e incluso que solo un 5 % utiliza los legalmente exigibles.

Algunos de ellos son obligatorios, con el consiguiente riesgo de recibir sanciones importantes en caso de no tenerlos. Otros son de uso voluntario, pero que pueden ayudar a prevenir reclamaciones, indemnizaciones y otros inconvenientes.

El sector del transporte por carretera mueve miles de millones de toneladas de productos cada año y es el medio más utilizado para los envíos de mercancías nacionales e internacionales. Normalmente, este servicio se contrata con una empresa transportista, al igual que las operaciones de carga, descarga, estiba y desestiba.

El uso y el cumplimiento de una gestión documental correcta es un valor añadido en una cadena de suministro de calidad, y un orgullo profesional que consolida una cultura de la logística.

Utilizando los elementos documentales que contiene este libro se facilitarán significativamente las tareas del personal propio de las empresas, del de sus clientes y del personal externo o subcontratado, y se conseguirán realizar procesos logísticos más seguros y eficientes.

1 Oferta comercial

Definición

La oferta comercial es una propuesta suficientemente precisa, dirigida a una persona física o jurídica con el fin de celebrar un contrato de compraventa con la misma, y por la que queda obligado el oferente al cumplimiento de su contenido en caso de ser aceptada.

La aceptación de la oferta provoca la perfección del contrato, según lo dispuesto en el artículo 23 de la Convención de Viena de 1980:

«El contrato se perfeccionará en el momento de surtir efecto la aceptación de la oferta conforme a lo dispuesto en la presente Convención».

Contenido

Una oferta comercial deberá indicar lo contenido en el artículo 14 de la Convención de Viena:

1. La determinación del sujeto o sujetos a los cuales se dirige.
2. La precisión de la oferta.
3. La intención del oferente de quedar vinculado si existe aceptación.

Se debe distinguir entre propuesta y oferta comercial. La propuesta comercial es una manifestación unilateral de voluntad con intención de formalizar un contrato, pero no tiene por qué contener los requisitos de la oferta comercial ni supone la formalización del contrato.

Emisora

La empresa vendedora/expedidora de mercancías.

Destinataria

La empresa compradora/receptora de las mercancías objeto del contrato.

Reglamentación

Convención de Viena de 1980. Solamente aplica a operaciones internacionales, no siendo de aplicación en operativas internas, siempre y cuando el país de una de las partes firmantes haya ratificado el Convención (como es el caso de España).

Modelo de oferta comercial vinculante

Remitente:
Domicilio:

Empresa destinataria:
Domicilio:
A la atención de:

Señores clientes,
Atendiendo a su solicitud, les remitimos la oferta comercial de nuestra empresa:

Descripción:

Producto: Maquinaria de embalaje de botellas de agua.
Cantidad: 500 unidades.
Precio: 400 €/unidad × 500 = 200.000 €.
Regla Incoterms 2020: FCA Puerto de Valencia.
Fecha de entrega: 30 días después de la confirmación.
Garantía: Dos años de garantía si los bienes están en estado normal.
Términos de pago: 40 % por adelantado, resto a la entrega de la mercancía mediante transferencia bancaria.
Condiciones particulares: Los bienes son propiedad de la empresa vendedora hasta el pago de la factura.
Persona responsable de la empresa compradora: XXX.
Persona responsable de la empresa vendedora: XXX.
Validez de la oferta: 90 días.

Confiando que valorarán positivamente nuestra oferta, reciban un atento saludo,

Firma
Nombre
Cargo

En ___________, a____, de___________ de 20__

2 Orden de carga

Definición

La orden de carga es un documento escrito que contiene los datos esenciales del transporte; suele acompañarse de la ficha de estiba o el protocolo de responsabilidad jurídica, y está considerado como la materialización del contrato de transporte. No es necesario que exista un contrato para que nazca el servicio.

No existe un modelo estándar de orden de carga, pero presentamos uno para facilitar las labores de los departamentos de logística.

Emisora

La empresa vendedora/expedidora de mercancías, que suele enviarla a la empresa transportista por medio de correo electrónico indicándole las condiciones del transporte. Debe acompañarse de las correspondientes fichas de estiba cuando la transportista realiza, además, las operaciones de carga, estiba, descarga o desestiba de la mercancía.

Destinataria

La empresa transportista.

Reglamentación

- Orden FOM/1882/2012, de 1 de agosto, por la que se aprueban las condiciones generales de contratación de los transportes de mercancías por carretera (BOE de 5 de septiembre de 2012).
- Ley 15/2009, de 11 de noviembre, del Contrato de Transporte Terrestre de Mercancías.
- Ley 16/1987, de 30 de julio, de Ordenación de los Transportes Terrestres.
- Real Decreto 70/2019, de 15 de febrero, por el que se modifican el Reglamento de la Ley de Ordenación de los Transportes Terrestres y otras normas reglamentarias en materia de formación de los conductores de los vehículos de transporte por carretera, de documentos de control en relación con los transportes por carretera, de transporte sanitario por carretera, de transporte de mercancías peligrosas y del Comité Nacional del Transporte por Carretera.
- Directiva 47/2014/UE, RD 563/2017, y las normas técnicas aplicables indicadas en su Anexo III.
- Real Decreto 563/2017, de 2 de junio, al regular quién es el responsable de la adecuación y aptitud del vehículo en carretera.

Modelo de órden de carga

Empresa que contrata el transporte:	
Empresa transportista a la que se solicita y facturará el servicio:	

1 Datos de emisión		2 Descripción de los bultos	
1.1 Fecha emisión:		2.1 Marcas y números:	
1.2. Elaborada por:		2.2 Núm. de bultos:	
1.3. Departamento:		2.3 Clase de embalaje:	
1.4 Correo electrónico:		2.4 Largo × Ancho × Alto (m):	
1.5 Teléfono:		2.5 Peso bruto (kg):	
		2.6 Núm. Estadístico:	
		2.7 Naturaleza de la mercancía:	

3 Lugares para la carga y descarga

Dirección carga 1:	
Dirección carga 2:	
Dirección carga 3:	
Dirección descarga 1:	
Dirección descarga 2:	
Dirección descarga 3:	

4 Fechas y horarios de carga y descarga

4.1 Fecha	4.2 Muelle - Zona de carga	4.3 Horario

5 Datos de la carga y vehículo requerido

Indíquese cómo se contrata el porte y la cantidad requerida en cada caso (elíjase sólo una opción)

Por viaje completo	Por metros lineales	Por peso (kg)	Por volumen (m^3)

Observaciones / requerimientos técnicos:	
6 Precio del transporte:	

7 Observaciones

8 Regla Incoterms utilizada:	
9 Medio/s de transporte utilizado/s:	

Condiciones del transporte

1. Normativa aplicable: Se aplicará lo dispuesto en la Ley 15/2009, del Contrato de Transporte Terrestre de Mercancías (LCCT), en lo no regulado en la orden de carga y el contrato de transporte.

2. Reservas: La empresa transportista procederá a revisar la mercancía en el momento de su recepción, anotando las revervas oportunas en la carta de porte correspondiente, considerando que la mercancía y su embalaje fueron entregados en perfecto estado y conformidad en caso de no realizar ninguna reserva.

3. Paralizaciones: Deberá identificarse en la carta de porte la hora de presentación del vehículo y de su salida a fin de computar el plazo de paralizaciones. En caso de reclamación por este concepto, se aplicará lo dispuesto en la Ley 15/2009, LCCT.

4. Carga y estiba: La carga de la mercancía se realizará por la empresa cargadora, y la estiba y el amarre será realizada por la transportista. Esta última deberá seguir las fichas de estiba adjuntas a la presente orden de carga como directriz de mínimos para amarrar la mercancía y realizar la estiba. No obstante, apreciará las instrucciones importantes al pie de la presente.

5. Forma y plazo de pago: El porte se abonará por la empresa cargadora mediante transferencia bancaria a 60 días de la fecha de factura emitida por la transportista.

6. Tribunales competentes: Las partes, con renuncia al fuero que pudiera corresponderles, se someten a los tribunales de Alicante para dirimir cualquier discrepancia.

7. Carta de porte CMR: Se utilizará el modelo de CMR facilitado por la empresa cargadora.

8. Indemnización por retraso o pérdida:

9. Regulación declaración de valor e interés especial:

Firma y sello de la empresa cargadora que solicita el transporte:

Firma:

Nota:
Si no recibimos comunicación en contra, y responde con su aceptación, entendemos que aplicará lo dispuesto en la presente orden de carga.

Instrucciones importantes:
La estiba y el amarre de la mercancía será realizada por la empresa transportista. Por este motivo, deberá venir provista de útiles de sujeción en buen estado, homologados y conformes a las normas EN12195 (capítulos 2, 3 y 4). Asimismo, garantizará que antes de cada viaje la carga permanezca perfectamente estibada, sujeta, amarrada e impedida, cumpliendo además el artículo 14 del Reglamento General de Circulación. Seguirá las instrucciones y normas previstas en el Anexo III del RD 563/2017 y proporcionará todos los elementos de sujeción y amarre necesarios para sujetar la carga conforme a lo dispuesto en el mismo.

3 Contrato de transporte

Definición

El contrato de transporte es un documento que plasma un acuerdo de voluntades entre una empresa cargadora y una transportista, por el que esta última se obliga a trasladar de un lugar a otro a una mercancía a cambio de un precio y por el medio o los medios de locomoción que se pacten.

No es necesario formalizar un contrato escrito para que el servicio exista, pero sí es muy recomendable realizarlo ya que pueden pactarse mejoras o situaciones mucho más beneficiosas que las establecidas en la legislación, para ambas partes. Por ejemplo, de acuerdo con el RD 70/2019, por el que se modifican el Reglamento de la Ley de Ordenación de los Transportes Terrestres (ROTT), es esencial pactar, entre otras cuestiones, si la carta de porte será electrónica, los modos de realizar las reservas, las cláusulas para las pólizas de seguros o las reclamaciones, por ejemplo.

Emisora

La empresa cargadora, generalmente, con las cláusulas relativas a los pactos de estiba y amarre, la carta de porte, las paralizaciones, etc., y lo formaliza con la transportista.

Receptora

Como línea general, la empresa transportista recibirá copia del contrato para proceder a su firma con las condiciones de transporte requeridas por la cargadora. No obstante, cada vez existen más empresas de transporte que lo elaboran y establecen las condiciones más beneficiosas para su actividad.

Reglamentación

- *Para transportes nacionales:* Ley 15/2009, de 11 de noviembre, del Contrato de Transporte Terrestre de Mercancías.
- *Para transportes internacionales:* Convenio CMR.

Estas normas son dispositivas, es decir, las partes pueden mejorar su contenido con un acuerdo o contrato. En este caso, prevalece lo pactado en el contrato sobre la ley. Por ejemplo, en un contrato se puede mejorar el límite de indemnización por pérdida de mercancía que dispone la ley (es decir, pactar uno mayor, en caso de que la mercancía tenga más valor). La norma sitúa la indemnización por daños en aproximadamente 5,91 €/kg, pudiendo mejorarse pactando una declaración de valor o interés especial.

Tan solo existen dos cuestiones que no se pueden regular libremente, para proteger la seguridad jurídica:

- Capítulo V «Responsabilidad del porteador».
- Capítulo IX «Prescripción de las acciones».

Modelo de contrato de transporte

Cláusulas

1 Objeto

Por medio del presente contrato la empresa porteadora o transportista (en adelante «la transportista») se compromete con la empresa cargadora (en adelante «la cargadora») a la prestación de servicios de transporte de mercancías por carretera en las condiciones determinadas en las cláusulas que conforman este contrato, a cambio de la tarifa pactada adjunta como Anexo 1 al presente contrato.

Los transportes podrán tener carácter nacional o internacional, en función de las necesidades de transporte que se deriven de las operaciones de compraventa que efectúe la empresa cargadora.

2 Solicitudes de carga

Las solicitudes de servicios de transporte a realizar serán formalizadas mediante órdenes de carga, que remitirá por correo electrónico la cargadora a la transportista.

Cada orden de carga podrá incluir condiciones específicas que concreten o amplíen las condiciones estipuladas en este contrato de transporte continuado.

3 Documentos del transporte

Cada envío de transporte se formalizará como contrato de transporte mediante un formulario polivalente de documento de control, más una carta de porte para transportes nacionales o una carta de porte CMR para transportes internacionales que elaborará la cargadora.

Este documento deberá cumplir los requisitos de la Orden 2861/2012 del Ministerio de Fomento para transportes naciones, las modificaciones realizadas por medio del RD 70/2019, y las prescripciones del Convenio CMR en caso de que el servicio constituya un transporte internacional.

Las partes deberán emitir carta de porte electrónica, según lo dispuesto en el artículo 14 de la Ley 15/2009 del Contrato de transporte terrestre de mercancías (LCTT), para la documentación de los envíos nacionales, únicamente.

El conductor de la transportista firmará la carta de porte en el momento de hacerse cargo del envío, tras revisar el estado de la mercancía, y se identificará en dicho documento mediante su DNI.

4 Presentación del vehículo

Las partes acordarán en cada orden de carga la fecha, con indicación expresa del día y la hora, para la presentación del vehículo a la carga de la mercancía.

La transportista deberá poner el vehículo a disposición de la cargadora en el lugar y tiempo pactados. Si existe pacto expreso previo entre las partes acerca del día y la hora u hora límite para la puesta a disposición del vehículo y la transportista no cumple dicho plazo, la cargadora podrá desistir de la expedición de que se trate y contratar otra porteadora.

Cuando la cargadora haya sufrido perjuicios como consecuencia de la demora, y esta fuere imputable a la **transportista**, podrá además exigir la indemnización que proceda.

5 Sujetos obligados a la estiba y el trincaje

En relación al Real Decreto 563/2017 de 2 de junio, por el que se regulan las inspecciones técnicas en carretera de vehículos comerciales que circulan en territorio español, y del Real Decreto 920/2017 de 23 de octubre, por el que se regula la inspección técnica de vehículos, las partes pactan que desde la fecha de firma del presente acuerdo:

5.1 Fichas de estiba, trincaje y órdenes de carga

Conforme a lo dispuesto en el artículo 20 de la LCTT, ambas partes pactan que los **trabajos de distribución de peso (estiba) y trincaje, sean realizados por la transportista.**

Para dar cumplimiento a la obligación prevista en el artículo 11.1 del RD 563/2017, la transportista, como responsable contractual de la correcta estiba y amarre de las cargas, realizará estas labores conforme a las recomendaciones mínimas de seguridad incluidas en las fichas de estiba anexas a este contrato, facilitadas por la cargadora, observando siempre lo dispuesto en las normativas aplicables y por la *Guía Europea de mejores prácticas sobre sujeción de cargas para el transporte de carreteras* (versión 8 de mayo de 2014 o nuevas versiones que, en su caso, la puedan sustituir, modificar o complementar), así como conforme a la normativa aplicable a la estiba, el amarre y la sujeción de la carga.

Las fichas de estiba no pueden ser modificadas, alteradas ni manipuladas y deberán ser cumplidas como directriz mínima de seguridad por la transportista.

Las fichas de estiba son firmadas y aceptadas por las partes en el presente acto, manifestando la transportista su recepción y conocimiento, asumiendo el compromiso de facilitar, informar y formar a sus conductores en base a las mismas. Si fuera necesario, la cargadora solicitará al conductor la firma de la misma, en el momento de finalizar la estiba y el trincaje para verificar que se ha realizado conforme a las directrices de la ficha de estiba, y conforme a la normativa aplicable en estiba.

5.2 Responsabilidades de estiba y trincaje

5.2.1 Responsabilidades que asume la transportista

a) Cumplir todos los principios y la normativa pública y técnica aplicables a la estiba, la sujeción y el amarre de cargas transportadas previstas en el Anexo III del RD 563/2017, y proporcionar a su entero coste todos los elementos de sujeción y amarre necesarios para sujetar la carga conforme a las siguientes normas y a aquellas que en el futuro las sustituyan, modifiquen o complementen:

−EN 12195-1	Cálculo de las fuerzas de amarre.
−EN 12640	Puntos de amarre.
−EN 12642	Resistencia de la estructura de la carrocería de los vehículos.
−EN 12195-2	Cinchas de amarre de fibras sintéticas.
−EN 12195-3	Cadenas de amarre.
−EN 12195-4	Cables de acero de amarre.
−EN 12641	Lonas.
−EUMOS 40511	Postes

b) Responder de los daños producidos por mala estiba (distribución de peso) y trincaje realizados por esta, sus empleados, transportistas o conductores, así como de la incorrecta observancia de las instrucciones aportadas por la cargadora.

c) Poder subcontratar las labores de estiba, distribución de pesos y trincaje a otras empresas operadoras de transporte o conductores, respondiendo de cuantos actos u omisiones realicen en relación a las labores contratadas, y quedando obligada a hacerles entrega de las fichas de estiba facilitadas por la cargadora.

d) Hacer sus mejores esfuerzos para garantizar que en caso de inspección en carretera no se aprecien deficiencias que, por su número o gravedad puedan resultar en la atribución a su empresa de un perfil de riesgo medio o alto conforme a lo previsto en el artículo 6 y el Anexo I del RD 563/2017.

e) Dar cumplimiento a la normativa aplicable y a lo dispuesto en el artículo 11.1 del RD 563/2017, como responsable de la correcta estiba, sujeción y amarre de la carga transportada, garantizando que antes de cada viaje la carga permanezca perfectamente estibada, sujeta, amarrada e impedida de cualquier movimiento derivado de los propios del vehículo en el que va transportada, así como el cumplimiento de lo dispuesto en el artículo 14 del Reglamento General de Circulación, aprobado por el RD 1428/2003 de 21 de noviembre.

f) Garantizar que, conforme a lo previsto en el artículo 11.1 del RD 563/2017, la carga esté siempre sujeta de manera que no interfiera con la conducción segura ni suponga un riesgo para la salud, la propiedad o el medio ambiente.

g) Elegir y aportar el vehículo apropiado o medio de transporte seleccionado (según instrucciones del cliente, en base a las características de la carga y la normas EN 12195-1, EN 12640, EN 12641, EN 12642 y las preceptivas normas EUMOS), asegurando el buen estado de su estructura, así como los útiles de estiba y medios auxiliares (elementos antideslizantes, cantoneras, sistemas de protección, etc.) seleccionados.

h) Garantizar que las eventuales empresas subcontratistas, así como los conductores o titulares de las autorizaciones administrativas de los vehículos que puedan ser adscritos a la prestación de los servicios objeto del presente contrato, conozcan al detalle y cumplan todas las anteriores obligaciones y las especificaciones de las fichas de estiba.

i) Mantener indemne a la cargadora y a su personal de cualesquiera responsabilidad, reclamación o sanciones que se pudieran derivar de un incumplimiento de alguna de las anteriores obligaciones.

j) Exonerar a la cargadora de responsabilidad por daños a la mercancía transportada que se produzcan durante el transporte como consecuencia de la defectuosa estiba cuando esta se deba exclusivamente a que la cargadora siguiera las instrucciones de colocación de la mercancía durante las operaciones de carga, realizando la correspondiente advertencia expresa y por escrito a la transportista antes del comienzo del transporte, y viceversa cuando la instrucción haya sido dada por la cargadora.

5.2.2 Responsabilidades en cargas completas y fraccionadas

- **Carga completa**
  Los trabajos de estiba, distribución de pesos y trincaje de las mercancías, serán realizados por la transportista, siguiendo la normativa vigente y las recomendaciones mínimas de seguridad incluidas en la ficha de estiba entregada para cada mercancía o conjuntos de mercancías.
  La transportista podrá, a su vez y bajo su responsabilidad, subcontratar dichos trabajos con otras operadoras de transporte, sus conductores y titulares de las autorizaciones administrativas de los vehículos que sean adscritos por esta a la prestación de los servicios del presente acuerdo y contrato principal.

- **Grupaje**
  En las cargas fraccionadas o grupajes, la transportista será responsable de realizar las labores de estiba, distribución de pesos y trincaje.
  A partir de la primera descarga, el conductor/transportista deberá realizar la distribución de pesos, en su caso, la estiba y el trincaje de las mercancías, siendo responsable de cuantos daños se produzcan en la mercancía, mercancías colindantes, elementos de transporte o personas derivados de sus acciones u omisiones.
  La cargadora queda exonerada de cualquier responsabilidad de remociones de carga posteriores a la carga de la mercancía en sus instalaciones.

5.2.3 Responsabilidades del RD 563/2017

El RD 563/2017 contiene una serie de normas técnicas (unas de obligado cumplimiento, y otras a modo de directriz o recomendación) de las que se derivan unas responsabilidades:

a) Cálculo de las fuerzas de fijación

La transportista deberá cumplir, en primer lugar, *1)* la normativa de estiba vigente y aplicable y; *2)* las indicaciones de las fichas de estiba aportadas por la cargadora como una herramienta de ayuda y seguridad de contenidos mínimos. La transportista deberá verificar la correcta estiba mediante la normativa aplicable, siendo la ficha de estiba una recomendación orientativa y didáctica sobre las mejores prácticas en la sujeción de las cargas. Esta podrá verificar el cumplimiento de las mismas y realizar para ello los procedimientos internos que estime oportunos.

b) Cintas de amarre. Verificación del estado

Todos los elementos de sujeción y amarre de la carga que proporcione la transportista, tales como cintas, cantoneras, tacos de madera, alfombrillas antideslizantes, tensores, etc., deberán ser los adecuados, estar en perfecto estado de conservación, con etiqueta legible y, cuando resulte de aplicación, contar con todas las preceptivas homologaciones y certificados de calidad. Asimismo, deberá verificar la tensión de los útiles de sujeción durante el transporte según establece la norma EN 12195-1.

c) Requisitos de los vehículos

La transportista mantendrá el vehículo en correcto estado, así como también los puntos de amarre, carrocería, lonas, postes, etc., e informará al cliente sobre la resistencia de los mismos. Asimismo, dará cumplimiento a sus obligaciones respecto el RD 920/2017 y asegurará que todos los vehículos utilizados para la prestación de los servicios objeto del presente contrato estén debidamente homologados, revisados e inspeccionados. Cualesquiera defectos que puedan manifestarse a resultas de las revisiones e inspecciones serán debidamente subsanados antes de la utilización de los vehículos para la prestación de los servicios objeto del presente contrato.

6 Obligaciones de la transportista

La transportista estará obligada a:

a) Cumplir lo relativo a operativa de actividades de planificación previa, pautas de carga y coordinación establecidas en Anexo 2.

b) Transportar el producto desde el lugar de origen al de destino indicados en la orden de carga, asumiendo todos los costos derivados de dicho transporte y entrega.

c) Los vehículos destinados a este fin serán los descritos en el Anexo 3, los cuales deberán encontrarse en perfectas condiciones mecánicas y de presentación, adecuadamente equipados y mantenidos, de acuerdo con la normativa aplicable. En caso que algún imprevisto mecánico o circunstancial impida que dichos vehículos puedan prestar el servicio de transporte, la transportista lo reemplazará por otro de características y condiciones similares, manteniendo las obligaciones asumidas en el presente contrato.

d) Contar con los permisos, las licencias y las autorizaciones válidas, vigentes y necesarias para el transporte de las cargas de acuerdo con las normas aplicables al transporte de carga durante el plazo de vigencia del presente contrato.

e) Avisar de inmediato a la cargadora en caso de ocurrir algún incidente, pérdida o robo.

7 Responsabilidades

7.1 La transportista asume de manera exclusiva las responsabilidades siguientes:

a) Responsabilidad exclusiva sobre la mercancía a transportar desde la carga de la misma en el vehículo hasta la entrega en el punto de destino.

b) Realizar el trincaje de las mercancías según lo dispuesto en la normativa aplicable y en las fichas de estiba adjuntas a la presente como Anexo 4. La cargadora quedará, con la firma del presente acuerdo, exonerada de cuantos daños y perjuicios se deriven de la inobservancia de las mencionadas fichas de estiba respecto a las labores de estiba y trincaje realizadas por el conductor.

c) El costo de los tributos y los gastos operativos que se generen por la ejecución del presente contrato, como son los de circulación, mantenimiento, peajes, reparaciones de los vehículos, pagos de las remuneraciones y demás costos del personal a su cargo.

d) El manejo de los vehículos destinados al transporte objeto del presente contrato será ejecutado única y exclusivamente por su personal, no pudiendo prestar el servicio otro personal que no haya sido comunicado previamente por la transportista a la cargadora.

7.2 Las partes acuerdan expresamente que la cargadora será enteramente responsable por todas las pérdidas, daños, deterioros o gastos generados por un mal acondicionamiento o embalaje, así como del incumplimiento de lo preceptuado en la norma EUMOS 40509 relativa al embalaje de las mercancías.

7.3 Los bultos que no estén perfectamente embalados, acondicionados y estibados, podrán rechazarse o, facultativamente para la transportista, despacharse bajo constancia.

8 Obligaciones de la cargadora

8.1 La cargadora asume de manera exclusiva las responsabilidades siguientes:

a) Cumplir y colaborar en las actividades establecidas en Anexo 2.

b) Pagar oportunamente a la transportista el precio por los servicios de transporte en la forma y los plazos establecidos en el Anexo 1.

c) Entregar los bultos a la presentación de la transportista en sus instalaciones, tanto en cargas de vehículo completo como grupajes, el día y la hora acordados en la orden de carga, quedando expresamente aclarado que en este caso el trincaje será realizado por la transportista, según las fichas de estiba adjuntas como Anexo 4.

d) Preavisar con una anticipación de ______________ días, cuando la carga que fuere a entregar supere las ________ toneladas o los ________ metros cúbicos.

8.2 *Reajustes en tarifas.* Las tarifas que se aplicarán a los despachos serán las que surgen del cuadro tarifario de distancias y tiempo que se anexa al presente contrato como Anexo 1 y firman las partes, aplicando los reajustes por variaciones del precio del combustible que publica el Ministerio de Fomento periódicamente.

9 Paralizaciones

Cuando el vehículo tenga que esperar un periodo de tiempo superior a dos horas, hasta que concluya la carga y descarga, la transportista podrá exigir a la cargadora una indemnización en concepto de paralización. Sin embargo, la cargadora podrá reclamar a la transportista una indemnización en caso de paralización superior a dos horas desde que concluya la carga hasta que la estiba se realice de forma correcta, de esta manera se sanciona la no observancia de las recomendaciones de las ficha de estiba, y la falta de disposición de útiles válidos y suficientes de sujeción de las cargas.

Dicho periodo se contará desde la hora de puesta a disposición del vehículo para su carga o descarga establecida en la orden de carga o desde la efectiva puesta a disposición del vehículo si esta es posterior.

La paralización dará lugar a una indemnización de 35,86 € por cada hora de paralización, sin que se tengan en cuenta las dos primeras horas ni se computen más de diez diarias por este concepto.

En la carta de porte se expresará la hora de presentación del vehículo y la de salida, así como la hora de llegada a destino y nueva salida, a fin de computar las horas de paralización y proceder a reclamar una indemnización por dichos conceptos, si este fuera el caso.

10 Facturación y forma de pago

a) Precio

El precio del transporte se fija en ________ € por kilómetro recorrido.

Para determinar los kilómetros recorridos en cada operación o servicio de transporte se adjunta a este contrato el «Anexo 1 bis. Relación de distancias por servicio», donde se especifican las distancias entre el establecimiento de la cargadora y los principales destinos de los servicios de transporte que con este contrato se regulan.

Si una solicitud de servicio tuviese como destino una localización no especificada en este anexo, la cargadora detallará la distancia en la orden de carga.

El precio de cada servicio se obtendrá multiplicando el precio por kilómetro recorrido y la distancia recorrida para dicho servicio, especificada en el Anexo 1 o en la orden de carga.

b) Facturación

La transportista remitirá al domicilio de la cargadora la factura de cada servicio de transporte, junto al 4.º ejemplar del documento de control (transporte nacional) o carta de porte CMR (transporte internacional) y el albarán, firmados ambos por el destinatario, con indicación del DNI de la persona que asume la recepción, en el plazo máximo de diez días desde la descarga del envío en destino.

c) Forma de pago

Transferencia bancaria a 30 días desde la fecha de recepción de la factura, junto al ejemplar 4.º de la carta de porte y el albarán.

11 Seguros

La transportista se compromete a contratar por su propia cuenta y mantener en pleno vigor, los siguientes seguros (como mínimo) según la legislación aplicable (Ley 15/2009 o Convenio CMR), o suficiente para cubrir el valor de la mercancía declarado, en su caso, en la carta de porte:

– Seguro por responsabilidad civil.
– Seguro de mercancías.

Los deducibles correspondientes a las pólizas mencionadas, serán asumidos por la transportista y correrán por su propia cuenta y riesgo.

12 Declaración de valor e interés especial de entrega

La indemnización por pérdida o avería viene determinada por la Ley 15/2009 y no podrá exceder de un tercio del Indicador Público de Renta de Efectos Múltiples o IPREM/día por cada kilogramo de peso bruto de mercancía perdida o averiada, salvo declaración de valor en contra realizada en la orden de carga y la carta de porte.

La cargadora podrá definir la declaración de valor de las mercancías y el interés especial de entrega tanto en la orden de carga como en la carta de porte, para cada envío individualizado. De esta manera podrá ampliarse el límite de la indemnización, debiendo la transportista contratar un seguro que cubra dicha operación.

13 Uso de la carta de porte

Las partes acuerdan que se utilizarán, en todo caso, los formularios de carta de porte emitidos y elaborados por la cargadora.

Las partes podrán utilizar la carta de porte electrónica, fijando en anexo al presente contrato el procedimiento para la realización de las reservas oportunas.

14 Vigencia

El presente contrato tendrá una duración de un año, periodo a devengar desde su firma, pudiendo este prorrogarse automáticamente por periodos iguales, salvo que cualquiera de las partes comunicase a la otra parte por escrito y de forma clara e inequívoca su intención de no prorrogar el contrato, con una antelación de al menos dos meses a la fecha de vencimiento de la duración inicial pactada o de cualesquiera de sus prórrogas.

15 Resolución del contrato

El presente contrato podrá ser resuelto por la cargadora antes de la fecha de vencimiento convenida, además de por las causas generales previstas en derecho y en particular por el artículo 1124 del Código Civil, por las siguientes causas que no darán lugar en ningún caso al pago de indemnización alguna a favor de la transportista.

Se entenderán como causas lícitas de resolución:

- El mutuo acuerdo.
- La extinción de la personalidad jurídica de las partes contratantes.
- El incumplimiento reiterado de cualesquiera de las obligaciones contractuales establecidas en el presente contrato, siempre que el mismo no tenga su origen en actuación insalvable de terceros, fuerza mayor o caso fortuito.
- Inobservancia por parte de la transportista, su personal o, en su caso, su subcontratista de la normativa aplicable al transporte terrestre de mercancías, de sujeción de las cargas, o de las normas internas en materia de seguridad e higiene en el trabajo, medioambientales, o de cualquier otra norma dictada o comunicada por la cargadora y, especialmente, el incumplimiento por parte de la transportista, su personal o, en su caso, el de su subcontratista de la obligación, en caso de accidente laboral, de informar al mando inmediato y de acudir al servicio médico de la cargadora.
- Apropiación indebida, pérdida o deterioro intencionado o por negligencia de bienes de la cargadora por personal de la transportista o, en su caso, de subcontratista.
- Aportar la transportista personal o medios auxiliares insuficientes para la realización de los trabajos, o por abandono o paralización de los mismos sin causa justificada.
- Incumplimiento por parte de la transportista o, en su caso, de la subcontratista, de sus obligaciones en materia de transporte, laboral, de Seguridad Social, de seguridad e higiene en el trabajo, medioambiental o con la Agencia Tributaria.

La transportista podrá resolver unilateralmente este contrato ante el reiterado incumplimiento en los plazos de pago asumidos por la cargadora, así como cualesquiera de las obligaciones contractuales establecidas en el presente contrato, siempre que las mismas no tenga su origen en actuación insalvable de terceros, fuerza mayor o caso fortuito.

La resolución del presente contrato por las causas anteriormente mencionadas operará sin más requisito que la notificación fehaciente a la otra parte de la voluntad de dar por resuelto este contrato, como consecuencia de haberse producido una de las causas legitimadoras de la resolución y siempre que, transcurrido el plazo de siete días naturales desde la citada notificación, la causa no haya sido resuelta o corregida adecuadamente por la parte incumplidora siempre que el incumplimiento sea susceptible de subsanación.

Adicionalmente y sin necesidad de resolución, la cargadora podrá restringir la salida o realizar reservas oportunas si la transportista hubiera incurrido en alguna falta o incumplimiento en la forma de realizar la estiba, el acondicionamiento, la distribución de pesos y el trincaje.

16 Protección de datos

En cumplimiento con lo establecido en el Reglamento General de Protección de Datos (RGPD), los datos que la transportista facilite a la cargadora serán tratados y quedarán incorporados en ficheros responsabilidad de esta, comunicados a la Agencia Española de Protección de Datos, con la finalidad de gestión administrativa, comercial y publicitaria de sus clientes y proveedores.

Los datos incorporados a este contrato resultan necesarios, de manera que de no facilitarlos no será posible la prestación del servicio requerido. En este sentido, la transportista consiente expresamente la recogida y el tratamiento de los mismos para la citada finalidad, y su cesión a otras empresas participadas por la cargadora.

En el supuesto de producirse alguna modificación en los datos proporcionados por la transportista, esta deberá comunicarlo inmediatamente a la cargadora con el fin de mantener actualizados los mismos.

La Agencia de Protección de Datos recomienda informar a los titulares de datos personales de algunas cuestiones respecto al uso y la finalidad de los mismos, como son:

Responsable: Nombre de la cargadora.
Finalidad: Gestión comercial, administrativa y envíos publicitarios.
Legitimación: Firma del contrato de prestación de servicios.
Destinatarios: Empresas del grupo empresarial.
Derechos: Puede ejercer sus derechos de acceso, rectificación, supresión, oposición, limitación del tratamiento, portabilidad y revocación de los datos, en la siguiente dirección: __________ ____________.

Procedencia: Contractual.
Información adicional: Puede consultar la información adicional y detallada sobre protección de datos en nuestra web: __________________.

17 Sometimiento a junta arbitral de transporte y legislación aplicable

Las partes acuerdan someter cualquier controversia o incumplimiento en las operaciones reguladas por este contrato de transporte a la Junta Arbitral de Transporte de ________, incluso para controversias que superen los 15.000 €.

La legislación que regirá las relaciones entre las partes será la española, por lo que, en lo no pactado expresamente en este contrato, las operaciones de transporte nacional se regularán por la Ley 15/2009, del Contrato de transporte terrestre de mercancías, y las de transporte internacional se regularán por el Convenio CMR de 1956.

Las partes manifiestan su conformidad con el presente contrato, que otorgan y en prueba de ello lo firman por duplicado ejemplares e igualmente originales y auténticos formalizados a un solo efecto y para su entrega a las mismas.

Denominación empresa transportista

Denominación empresa cargadora

Firma ________________________________
Nombre, cargo y DNI persona apoderada

Firma ______________________________
Nombre, cargo y DNI persona apoderada

Definición

Documento que regula las condiciones de contratación del transporte. En este documento de carácter general se incluyen y definen las obligaciones de las empresas cargadora y transportista.

Los términos y condiciones deberán exponerse en lugar visible, estableciendo un enlace a los mismos en la carta de porte, contrato (condiciones particulares) o la reproducción total en la tarifa de servicio (si se es una empresa transportista).

Emisora

La empresa cargadora que contrata múltiples transportistas o con mucho tráfico mensual que necesitan regular sus condiciones de transporte con sus clientes o proveedores, o empresas transportistas para plasmar las condiciones de servicio con sus clientes.

Receptora

La empresa transportista o la empresa cargadora que expide las mercancías.

Reglamentación

- Orden FOM/2181/2008 de 22 de julio, por la que se dictan reglas sobre la realización de transportes de cabotaje en España (BOE 25 de julio de 2008).
- Orden FOM/1882/2012 de 1 de agosto, por la que se aprueban las condiciones generales de contratación de los transportes de mercancías por carretera (BOE de 5 de septiembre de 2012).
- Ley 15/2009 de 11 de noviembre, del Contrato de Transporte Terrestre de Mercancías.
- Ley 16/1987, de 30 de julio, de Ordenación de los Transportes Terrestres.
- Real Decreto 70/2019, de 15 de febrero, por el que se modifican el Reglamento de la Ley de Ordenación de los Transportes Terrestres y otras normas reglamentarias en materia de formación de los conductores de los vehículos de transporte por carretera, de documentos de control en relación con los transportes por carretera, de transporte sanitario por carretera, de transporte de mercancías peligrosas y del Comité Nacional del Transporte por Carretera
- Directiva 47/2014/UE, RD 563/2017, y las normas técnicas aplicables indicadas en su Anexo III.
- Real Decreto 563/2017, de 2 de junio, al regular quién es el responsable de la adecuación y aptitud del vehículo en carretera.

Modelo de términos y condiciones de transporte

Condiciones generales para el transporte continuado
Estas condiciones se aplicarán en lo no convenido en las condiciones particulares de la oferta o contrato.

1. Las condiciones del contrato de transporte serán las estipuladas en la Ley 9/2013 de 4 de julio, por la que se modifica: *a)* la Ley 16/1987 de 30 de julio de 1987 de Ordenación de Transportes Terrestres (LOTT); y *b)* el RD 70/2019, de 15 de febrero (ROTT), así como lo dispuesto en la Ley 15/2009 de 11 de noviembre del Contrato de transporte terrestre de mercancías y el Código de Comercio (RD de 22 agosto de 1885).

2. El cliente, mediante la firma de la presente oferta, acepta y asume su responsabilidad legal de embalar la mercancía con un embalaje que le proporcione una protección adecuada para el tipo de transporte que se vaya a realizar. La empresa transportista (en adelante "la transportista") no embalará, revisará ni inspeccionará la mercancía entregada por el cliente. No obstante, lo anterior, la transportista se reserva el derecho a rechazar una mercancía y en consecuencia la prestación de su servicio, por insuficiencia de embalaje, peligro evidente de dañar otras mercancías o cualquier otra causa anómala o extraña que pudiera afectar al normal desarrollo de la actividad. No se admiten envíos a apartados de correos.

3. El cliente, mediante la firma de la presente oferta, acepta y asume su responsabilidad legal en cuanto a la veracidad y exactitud de los datos relativos a la descripción de la mercancía a transportar, el nombre o razón social y domicilio del remitente y del consignatario, teléfonos fijo o móvil y correo electrónico. En el caso de destinos que sean domicilios particulares, será imprescindible facilitar un número de teléfono móvil. La transportista declina toda responsabilidad en las falsas declaraciones de peso, naturaleza o clase de mercancía, reservándose el derecho a la acción pertinente en estos casos. Igualmente, el cliente garantiza que los envíos que realice no incluirán animales vivos, líquidos corrosivos o nocivos, alimentos perecederos, materias explosivas o inflamables, envíos en metálico, joyas, obras de arte, gases y aerosoles inflamables o explosivos, armas de fuego, metales y piedras preciosas, drogas, antigüedades, tabaco o cualquier tipo de muestra cuyo transporte esté prohibido por cualquier disposición legal o reglamentaria o de otro rango dictada por las autoridades competentes, ni ningún artículo que aparezca en la lista de contenido prohibido determinado por Naciones Unidas; que la entrega de los envíos no contraviene ninguna de las prohibiciones de Naciones Unidas y que dicha entrega no es el resultado de fondos o recursos económicos a disposición directa o indirecta de o para el beneficio

de cualquier entidad designada en las sanciones de Naciones Unidas.

4. Se cargará en concepto de seguro el 8 % (mínimo 1,00 €), cuya responsabilidad por daños, averías, pérdidas o sustracción, estará al amparo de la Ley 15/2009. La transportista se hará responsable siempre que la consecuencia sea directa de la falta de diligencia debida a sus empleados o agentes, pero no de las que resulten o se deriven por falta de embalaje, insuficiencia o imperfección en las marcas o números de bultos, fuerza mayor, caso fortuito, instrucción, faltas o negligencias del remitente o destinatario, vicio propio de las cosas, *lock out,* huelga, invasiones, guerras, mandamientos administrativos, embargos legales, degradación natural, alteraciones climáticas y cualquier otra que no hubiera podido evitar mediante el empleo de una diligencia razonable.

5. El servicio de transporte concluye con la entrega de la mercancía en el domicilio designado. Si existiera algún tipo de incidencia se deberá reflejar la posible avería en el albarán de entrega **en el momento de recibir la mercancía.** Si por la apariencia correcta del embalaje se desconocen daños en el contenido, la reclamación deberá efectuarse dentro del plazo máximo de 24 horas siguientes a la entrega. Transcurridos los términos expresados, no se admitirá reclamación alguna sobre el estado en que se entregaron los géneros porteados.

6. Cuando exista derecho a indemnización por avería u otras causas previstas

en las presentes condiciones, se emitirá factura con el valor de coste de la mercancía (no el precio de venta al cliente), sin aplicación del IVA (Art. 29, apdo. 3, 1º del Reglamento), debiéndose adjuntar fotocopia de la factura de la mercancía sujeta a indemnización, emitida a quien recibió/envió la mercancía. El cliente, mediante la firma de la presente oferta, declara que nunca procederá unilateralmente a la compensación por daños o pérdidas y que aceptará como límite de responsabilidad de la empresa, el valor de coste por kilo real de la mercancía que ha originado el derecho a la indemnización, con el **máximo de 4,50 €/kg, siendo el máximo posible por bulto de 150,00 €, y por expedición 300,00 €.** En el caso de que el cliente desee concertar un seguro a todo riesgo de la mercancía, será necesario que contacte con la transportista para acordar los términos. No obstante lo anterior, las siguientes mercancías no tendrán cobertura: objetos de arte, valor excepcional o antiguos, orfebrería de metales finos, piedras preciosas, perecederas de ningún tipo, artículos peligrosos, inflamables, explosivos o tóxicos, mercancías con deficiencia de embalaje, y prensa en ninguna de sus variedades.

7. Los precios aquí recogidos incluyen la prestación del servicio de transporte de lunes a viernes, a partir de las 08:00 y hasta las 20:00 h. En el caso en el que la entrega o recogida sea fuera de dichos días y horario, se cobrará un 10 % adicional sobre el valor del porte, salvo pacto en contrario. Serán responsabilidad del remitente (en envíos a portes pagados) o

del destinatario (en envíos a portes debidos), quienes aceptan en esta oferta asumir un suplemento del 10 % sobre los portes (a no ser que la transportista y quien deba abonar el servicio pacten otra cosa por escrito), los casos que se describen a continuación: las segundas entregas; los casos en los que la empresa llegue a recoger dentro del horario indicado y no esté la mercancía preparada para su carga, debiendo la transportista regresar más tarde; o las entregas/recogidas en un lugar distinto al inicial; o dentro del domicilio indicado pero más adentro del dintel de la puerta en la planta baja; la no entrega por ausencia del consignatario, dirección incorrecta del mismo, incluso por no indicación del código postal; el rehúse de la mercancía; la no aceptación del pago del servicio o del reembolso por el consignatario; u otras circunstancias ajenas a la voluntad de la transportista. Si la mercancía fuera rehusada por el consignatario, todos los gastos de devolución al remitente más los de almacenaje, en su caso, serán repercutidos al remitente.

8. Los plazos de entrega son estimados. No obstante, en caso de retraso, si quien tenga derecho sobre la mercancía demuestra que resultó un perjuicio, la empresa quedará obligada a pagar por este perjuicio, asumiendo una indemnización que en ningún caso excederá el precio del transporte establecido en la oferta al cliente. Este, mediante la firma de la presente oferta, declara que nunca procederá a la compensación de dicho perjuicio de manera unilateral. Aunque se haga constar fecha de entrega en carta de porte u otro documento, en ningún caso significa declaración de interés especial.

9. Por el servicio de gestión de cobro de los reembolsos se facturará el xx % de la cantidad declarada con un mínimo de xx €.

10. Las mercancías voluminosas se tasarán a razón de xx €/kg o metro cúbico en transporte nacional o internacional. El metro lineal se tasará a razón de xx € kilos o metro lineal. La altura máxima de cualquier tipo de palé será de xx m. La mercancía que exceda de 1,20 m de ancho o de largo tendrá un suplemento en el porte del xx % del precio establecido.

11. Las mercancías de llegada tendrán un incremento del xx % sobre esta tarifa especial.

12. Los precios establecidos están sujetos a posibles variaciones por incremento de los carburantes.

13. A los precios indicados en la oferta habrá que añadir los impuestos aplicables en el momento de emisión de la factura.

14. Salvo pacto en contrario, el pago del servicio se realizará en un 50 % antes de la prestación del servicio y un 50 % al contado, una vez realizado dicho servicio. Cuando el servicio sea encargado con cargos, impuestos y otros gastos debidos por el destinatario o cualquier otra persona, el remitente se responsabilizará solidariamente en el pago de los

mismos si estos no son abonados en su momento.

15. La transportista tiene sobre las mercancías derecho de prenda o retención por todas las cantidades que le sean debidas, en virtud de este u otros contratos de expedición, pudiendo hacer valer su derecho por cualquier medio que estime procedente y sea admisible con arreglo a las leyes. Igualmente, la empresa tiene el derecho de subrogarse respecto de las indemnizaciones que por pérdida o destrucción de las mercancías sean satisfechas por las compañías aseguradoras u otras empresas de transporte.

16. Para cualquier pedido cuyo destino no esté tarifado en la presente oferta, el precio que se aplicará será el de la tarifa general vigente.

17. Pacto de sumisión: para cualquier controversia que pudiera derivarse de la ejecución del presente contrato, las partes se someten voluntariamente y de forma expresa a la Junta Arbitral de Transportes de xxx, sea cual sea la cuantía de la controversia, y asumiendo el resultado expresado por dicha junta arbitral de transporte en el laudo correspondiente.

18. En cumplimiento de la normativa de protección de datos de carácter personal le informamos de lo siguiente:

Información básica

Información	Resumen de la operación de transporte
Responsable	Nombre de la empresa
Finalidad	Ejecución del contrato
Legitimación	Firma de la oferta
Destinatarios	Empresas del grupo. Personas con acceso
Derechos	Acceder, rectificar, suprimir sus datos, entre otros derechos que podrá ver en información adicional
Procedencia	Recepción firmada de la oferta o contrato
Información adicional	Puede consultar la información adicional y detallada sobre protección de datos en nuestra web: xx.

Aplicación tasa de carburante

Se aplica el último precio medio mensual del gasóleo publicado:
http://www.cetm.es/principal/carburantes/gasoleos/datos.asp

Firma de la persona apoderada
y sello de la empresa

5 Pacto de estiba y amarre

Definición

El pacto de estiba y amarre es un documento de obligada redacción si la empresa cargadora desea subcontratar las labores de estiba y amarre con la transportista.

Se trata de un pacto de voluntades, escrito, expreso y previo a la efectiva presentación del vehículo de transporte, en el que la empresa cargadora subcontrata la carga, estiba, descarga o desestiba con la transportista. Esta actividad puede suponer un aumento del precio del porte.

Se debe evitar el error de pactar estas labores en la carta de porte CMR o el documento de control administrativo, ya que no son válidos al no cumplir un requisito del artículo 20.1 de la Ley 15/2009 del Contrato de Transporte Terrestre de Mercancías: previo a la entrada del vehículo en las instalaciones.

Emisora

La empresa cargadora, entendido como quien contrata el transporte en nombre propio.

Receptora

La empresa transportista, quien realice el transporte de mercancías desde el origen hasta destino. Si se contrata una transportista y esta, a su vez, subcontrata a otras o a profesionales autónomos, dicha transportista asumirá la función de cargadora frente a las subcontratadas.

Reglamentación

- Ley 15/2009 de 11 de noviembre, del Contrato de Transporte Terrestre de Mercancías.
- Directiva 47/2014/UE.
- RD 563/2017, y las normas técnicas aplicables indicadas en su Anexo III.
- Instrucción 18TV-103 de la Dirección General de Tráfico.

Modelo de acuerdo de estiba de cargas en el transporte por carretera

Con fecha ______________, la empresa ____________________ (la cargadora) y la empresa ____________________ (la transportista) pactan el siguiente acuerdo basado en la normativa vigente sobre estiba de cargas en el transporte por carretera, esto es:

- Real Decreto 563/2017 de 2 de junio, por el que se regulan las inspecciones técnicas en carretera de vehículos comerciales que circulan en territorio español.
- Real Decreto 920/2017 de 23 de octubre, por el que se regula la inspección técnica de vehículos.

En virtud de dicha normativa, las partes pactan que desde la fecha de firma del presente acuerdo:

1 Fichas de estiba, trincaje y órdenes de carga

Conforme a lo dispuesto en el artículo 20 de la Ley 15/2009 del Contrato de transporte terrestre de mercancías (LCTT), ambas partes pactan que los **trabajos de distribución de peso (estiba) y trincaje, sean realizados por la transportista.**

Para dar cumplimiento a la obligación prevista en el artículo 11.1 del RD 563/2017, la transportista, como responsable contractual de la correcta estiba y amarre de las cargas, realizará estas labores conforme a las recomendaciones mínimas de seguridad incluidas en las fichas de estiba anexas a este contrato, facilitadas por la cargadora, observando siempre lo dispuesto en las normativas aplicables y por la *Guía Europea de mejores prácticas sobre sujeción de cargas para el transporte de carreteras* (versión 8 de mayo de 2014 o nuevas versiones que, en su caso, la puedan sustituir, modificar o complementar), así como conforme a la normativa aplicable a la estiba, el amarre y la sujeción de la carga.

Las fichas de estiba no pueden ser modificadas, alteradas ni manipuladas y deberán ser cumplidas como directriz mínima de seguridad por la transportista.

Las fichas de estiba son firmadas y aceptadas por las partes en el presente acto, manifestando la transportista su recepción y conocimiento, asumiendo el compromiso de facilitar, informar y formar a sus conductores en base a las mismas. Si fuera necesario, la cargadora solicitará al conductor la firma de la misma, en el momento de finalizar la estiba y el trincaje para verificar que se ha realizado conforme a las directrices de la ficha de estiba, y conforme la normativa en estiba aplicable.

2. Responsabilidades de estiba y trincaje

2.1. Responsabilidades que asume la transportista

a) Cumplir todos los principios y la normativa pública y técnica aplicables a la estiba, la sujeción y el amarre de cargas transportadas previstas en el Anexo III del RD 563/2017, y proporcionar a su entero coste todos los elementos de sujeción y amarre necesarios para sujetar la carga conforme a las siguientes normas y a aquellas que en el futuro las sustituyan, modifiquen o complementen:

−EN 12195-1	Cálculo de las fuerzas de amarre.
−EN 12640	Puntos de amarre.
−EN 12642	Resistencia de la estructura de la carrocería de los vehículos.
−EN 12195-2	Cinchas de amarre de fibras sintéticas.
−EN 12195-3	Cadenas de amarre.
−EN 12195-4	Cables de acero de amarre.
−EN 12641	Lonas.
−EUMOS 40511	Postes

b) Responder de los daños producidos por mala estiba (distribución de peso) y trincaje realizados por esta, sus empleados, transportistas o conductores, así como de la incorrecta observancia de las instrucciones aportadas por la cargadora.

c) Poder subcontratar las labores de estiba, distribución de pesos y trincaje a otras empresas operadoras de transporte o conductores, respondiendo de cuantos actos u omisiones realicen en relación a las labores contratadas, y quedando obligada a hacerles entrega de las fichas de estiba facilitadas por la cargadora.

d) Hacer sus mejores esfuerzos para garantizar que en caso de inspección en carretera no se aprecien deficiencias que, por su número o gravedad puedan resultar en la atribución a su empresa de un perfil de riesgo medio o alto conforme a lo previsto en el artículo 6 y el Anexo I del RD 563/2017.

e) Dar cumplimiento a la normativa aplicable y a lo dispuesto en el artículo 11.1 del RD 563/2017, como responsable de la correcta estiba, sujeción y amarre de la carga transportada, garantizando que antes de cada viaje la carga permanezca perfectamente estibada, sujeta, amarrada e impedida de cualquier movimiento derivado de los propios del vehículo en el que va transportada, así como el cumplimiento de lo dispuesto en el artículo 14 del Reglamento General de Circulación, aprobado por el RD 1428/2003 de 21 de noviembre.

f) Garantizar que, conforme a lo previsto en el artículo 11.1 del RD

563/2017, la carga esté siempre sujeta de manera que no interfiera con la conducción segura ni suponga un riesgo para la salud, la propiedad o el medio ambiente.

g) Elegir y aportar el vehículo apropiado o medio de transporte seleccionado (según instrucciones del cliente, en base a las características de la carga y la normas EN 12195-1, EN 12640, EN 12641, EN 12642 y las preceptivas normas EUMOS), asegurando el buen estado de su estructura, así como los útiles de estiba y medios auxiliares (elementos antideslizantes, cantoneras, sistemas de protección, etc.) seleccionados.

h) Garantizar que las eventuales empresas subcontratistas, así como los conductores o titulares de las autorizaciones administrativas de los vehículos que puedan ser adscritos a la prestación de los servicios objeto del presente contrato, conozcan al detalle y cumplan todas las anteriores obligaciones y las especificaciones de las fichas de estiba.

i) Mantener indemne a la cargadora y a su personal de cualesquiera responsabilidad, reclamación o sanciones que se pudieran derivar de un incumplimiento de alguna de las anteriores obligaciones.

j) Exonerar a la cargadora de responsabilidad por daños a la mercancía transportada que se produzcan durante el transporte como consecuencia de la defectuosa estiba cuando esta se deba exclusivamente a que la cargadora siguiera las instrucciones de colocación de la mercancía durante las operaciones de carga, realizando la correspondiente advertencia expresa y por escrito a la transportista antes del comienzo del transporte, y viceversa cuando la instrucción haya sido dada por la cargadora.

2.2 Responsabilidades en cargas completas y fraccionadas

- **Carga completa**

  Los trabajos de estiba, distribución de pesos y trincaje de las mercancías, serán realizados por la transportista, siguiendo la normativa vigente y las recomendaciones mínimas de seguridad incluidas en la ficha de estiba entregada para cada mercancía o conjuntos de mercancías.

  La transportista podrá, a su vez y bajo su responsabilidad, subcontratar dichos trabajos con otras operadoras de transporte, sus conductores y titulares de las autorizaciones administrativas de los vehículos que sean adscritos por esta a la prestación de los servicios del presente acuerdo y contrato principal.

- **Grupaje**

  En las cargas fraccionadas o grupajes, la transportista será responsable de realizar las labores de estiba, distribución de pesos y trincaje.

A partir de la primera descarga, el conductor/transportista deberá realizar la distribución de pesos, en su caso, la estiba y el trincaje de las mercancías, siendo responsable de cuantos daños se produzcan en la mercancía, mercancías colindantes, elementos de transporte o personas derivados de sus acciones u omisiones.

La cargadora queda exonerada de cualquier responsabilidad de remociones de carga posteriores a la carga de la mercancía en sus instalaciones.

2.3 Responsabilidades del RD 563/2017

El RD 563/2017 contiene una serie de normas técnicas (unas de obligado cumplimiento, y otras a modo de directriz o recomendación) de las que se derivan unas responsabilidades:

a) Cálculo de las fuerzas de fijación

La transportista deberá cumplir, en primer lugar, 1) la normativa de estiba vigente y aplicable y; 2) las indicaciones de las fichas de estiba aportadas por cargadora como una herramienta de ayuda y seguridad de contenidos mínimos. La transportista deberá verificar la correcta estiba mediante la normativa aplicable, siendo la ficha de estiba una recomendación orientativa y didáctica sobre las mejores prácticas en la sujeción de las cargas. Este podrá verificar el cumplimiento de las mismas y realizar para ello los procedimientos internos que estime oportunos.

b) Cintas de amarre. Verificación del estado

Todos los elementos de sujeción y amarre de la carga que proporcione la transportista, tales como cintas, cantoneras, tacos de madera, alfombrillas antideslizantes, tensores, etc., deberán ser los adecuados, estar en perfecto estado de conservación, con etiqueta legible y, cuando resulte de aplicación, contar con todas las preceptivas homologaciones y certificados de calidad. Asimismo, deberá verificar la tensión de los útiles de sujeción durante el transporte según establece la norma EN 12195-1.

c) Requisitos de los vehículos

La transportista mantendrá el vehículo en correcto estado, así como también los puntos de amarre, carrocería, lonas, postes, etc., e informará al cliente sobre la resistencia de los mismos. Asimismo, dará cumplimiento a sus obligaciones respecto el RD 920/2017 y asegurará que todos los vehículos utilizados para la prestación de los servicios objeto del presente contrato estén debidamente homologados, revisados e inspeccionados. Cualesquiera defectos que puedan manifestarse a resultas de las revisiones e inspecciones serán debidamente subsanados antes de la utilización de los vehículos para la prestación de los servicios objeto del presente contrato.

Y así, en prueba de conformidad, ambas partes, firman el presente acuerdo, en la fecha indicada en el encabezamiento.

Denominación empresa transportista

Denominación empresa cargadora

Firma ___________________________
Nombre, cargo y DNI persona apoderada

Firma ___________________________
Nombre, cargo y DNI persona apoderada

6 Bolsa de cargas

Definición

Una bolsa de cargas es una plataforma informática que opera en línea, especializada en la oferta o búsqueda de mercancías para transportar.

Normalmente son de pago y en ellas confluyen gran número de empresas cargadoras y transportistas, aunque también hay algunas dirigidas por multinacionales para sus colaboradores o clientes.

En la bolsa de cargas se subasta un viaje específico; por ejemplo, un viaje el día 7 de febrero de Huelva a París, 24 t, 33 palés europeos. El servicio solo se concreta en un transporte puntual.

Emisora

Puede ser una empresa cargadora o una transportista.

Las empresas cargadoras pueden ofertar cargas o buscar transporte para cargas específicas.

Las empresas transportistas o los profesionales autónomos pueden anunciar vehículos dispuestos para viajar, retornos desde puntos de destino, buscar colaboraciones, etc.

Receptora

La empresa cargadora o la transportista, según sea la emisora.

Reglamentación

- Orden FOM/1882/2012, de 1 de agosto, por la que se aprueban las condiciones generales de contratación de los transportes de mercancías por carretera (BOE de 5 de septiembre de 2012).
- Ley 15/2009, de 11 de noviembre, del Contrato de Transporte Terrestre de Mercancías.
- Ley 16/1987, de 30 de julio, de Ordenación de los Transportes Terrestres.
- Real Decreto 70/2019, de 15 de febrero, por el que se modifican el Reglamento de la Ley de Ordenación de los Transportes Terrestres y otras normas reglamentarias en materia de formación de los conductores de los vehículos de transporte por carretera, de documentos de control en relación con los transportes por carretera, de transporte sanitario por carretera, de transporte de mercancías peligrosas y del Comité Nacional del Transporte por Carretera.
- Directiva 47/2014/UE, RD 563/2017, y las normas técnicas aplicables indicadas en su Anexo III.
- Real Decreto 563/2017, de 2 de junio, al regular quién es el responsable de la adecuación y aptitud del vehículo en carretera.

Modelo de condicionado de estiba para bolsas de cargas y concurso de transporte en línea *(e-tender)*

Responsabilidades en la estiba y el amarre de las mercancías en el transporte por carretera

De acuerdo con el Real Decreto 920/2017, la persona física o la empresa transportista que realice los servicios ofertados en el condicionado de la presente oferta, deberá:

- Realizar la estiba y sujeción de la carga siguiendo lo dispuesto en el RD 563/2017, las normas técnicas contenidas en su Anexo III, la *Guía Europea de mejores prácticas para la sujeción de las mercancías en el transporte por carretera* y normativa de estiba aplicable. En caso de que se transporte una mercancía en cuya compraventa se ha acordado emplear la regla Incoterms EXW, la persona que realice el transporte efectivo realizará también la carga, debiendo entregar firmado una carta de exoneración* a la empresa cargadora/expedidora.

- Seguir las recomendaciones mínimas de seguridad establecidas en la/s ficha/s de estiba que le remita la empresa cargadora/expedidora por medio de una orden de carga.

- Remitir la ficha de estiba firmada y sellada en su reverso a la empresa cargadora/expedidora, como requisito de acceso a sus instalaciones, como requisito previo imprescindible para la carga de las mercancías, y como condición de homologación de empresa proveedora con origen en bolsa de carga/*e-tender*.

- Ir provisto de los equipos de protección individual (EPI) requeridos en la ficha de estiba y que se solicitan en el clausulado de la bolsa de carga/*e-tender* para poder realizar operaciones dentro de las instalaciones de la empresa cargadora/expedidora. Asimismo, con la aceptación de la presente oferta, la empresa transportista se compromete a

---

* Véase el modelo de documento "Regulación del transporte subcontratado por el cliente con reglas Incoterms EXW y FCA planta" (pág. 50).

aceptar y cumplir la normativa de circulación y seguridad en las instalaciones de carga o descarga.

- Proporcionar a su entero coste todos los elementos y útiles de sujeción, trincaje o bloqueos necesarios, adecuados en número y resistencia (LC), para sujetar la carga conforme a las normas aplicables y a aquellas que en el futuro las sustituyan, modifiquen o complementen. Si no acudiera con los útiles de sujeción necesarios, la empresa cargadora/expedidora podrá proporcionárselos descontando su cuantía del precio del porte.

- Presentar el vehículo junto a todos los elementos de sujeción o bloqueo recomendados en la ficha de estiba, en perfecto estado de conservación, con etiqueta legible y, cuando resulte de aplicación, contar con todas las preceptivas homologaciones y certificados de calidad.

- Responder de los daños producidos por su mala praxis (daños derivados de la carga, la estiba, el trincaje o la descarga), la de su personal o subcontratistas, con inobservancia de la normativa vigente o de las instrucciones aportadas por medio de la/s ficha/s de estiba.

Definición

Un concurso de transporte en línea es el método por el que una empresa cargadora solicita ofertas para un determinado volumen de servicios de transporte a través de plataformas informáticas especializadas.

Las empresas de transporte inscritas o invitadas interesadas presentan sus propuestas, hasta que se cierra el concurso y se anuncia el ganador.

Un volumen de transporte podría ser, por ejemplo, 310 portes de 18 toneladas, de Paris a Hamburgo durante un año.

Emisora

La empresa cargadora.

Receptora

La empresa transportista.

Reglamentación

- Orden FOM/1882/2012, de 1 de agosto, por la que se aprueban las condiciones generales de contratación de los transportes de mercancías por carretera (BOE de 5 de septiembre de 2012).
- Ley 15/2009, de 11 de noviembre, del Contrato de Transporte Terrestre de Mercancías.
- Ley 16/1987, de 30 de julio, de Ordenación de los Transportes Terrestres.
- Real Decreto 70/2019, de 15 de febrero, por el que se modifican el Reglamento de la Ley de Ordenación de los Transportes Terrestres y otras normas reglamentarias en materia de formación de los conductores de los vehículos de transporte por carretera, de documentos de control en relación con los transportes por carretera, de transporte sanitario por carretera, de transporte de mercancías peligrosas y del Comité Nacional del Transporte por Carretera.
- Directiva 47/2014/UE, RD 563/2017, y las normas técnicas aplicables indicadas en su Anexo III.
- Real Decreto 563/2017, de 2 de junio, al regular quién es el responsable de la adecuación y aptitud del vehículo en carretera.

Modelo de condicionado de estiba para bolsas de cargas y concurso de transporte en línea *(e-tender)*

Responsabilidades en la estiba y el amarre de las mercancías en el transporte por carretera

De acuerdo con el Real Decreto 920/2017, la persona física o la empresa transportista que realice los servicios ofertados en el condicionado de la presente oferta, deberá:

- Realizar la estiba y sujeción de la carga siguiendo lo dispuesto en el RD 563/2017, las normas técnicas contenidas en su Anexo III, la *Guía Europea de mejores prácticas para la sujeción de las mercancías en el transporte por carretera* y normativa de estiba aplicable. En caso de que se transporte una mercancía en cuya compraventa se ha acordado emplear la regla Incoterms EXW, la persona que realice el transporte efectivo realizará también la carga, debiendo entregar firmado una carta de exoneración* a la empresa cargadora/expedidora.

- Seguir las recomendaciones mínimas de seguridad establecidas en la/s ficha/s de estiba que le remita la empresa cargadora/expedidora por medio de una orden de carga.

- Remitir la ficha de estiba firmada y sellada en su reverso a la empresa cargadora/expedidora, como requisito de acceso a sus instalaciones, como requisito previo imprescindible para la carga de las mercancías, y como condición de homologación de empresa proveedora con origen en bolsa de carga/*e-tender*.

- Ir provisto de los equipos de protección individual (EPI) requeridos en la ficha de estiba y que se solicitan en el clausulado de la bolsa de carga/*e-tender* para poder realizar operaciones dentro de las instalaciones de la empresa cargadora/expedidora. Asimismo, con la aceptación de la presente oferta, la empresa transportista se compromete a

---

* Véase el modelo de documento "Regulación del transporte subcontratado por el cliente con reglas Incoterms EXW y FCA planta" (pág. 50).

aceptar y cumplir la normativa de circulación y seguridad en las instalaciones de carga o descarga.

- Proporcionar a su entero coste todos los elementos y útiles de sujeción, trincaje o bloqueos necesarios, adecuados en número y resistencia (LC), para sujetar la carga conforme a las normas aplicables y a aquellas que en el futuro las sustituyan, modifiquen o complementen. Si no acudiera con los útiles de sujeción necesarios, la empresa cargadora/expedidora podrá proporcionárselos descontando su cuantía del precio del porte.

- Presentar el vehículo junto a todos los elementos de sujeción o bloqueo recomendados en la ficha de estiba, en perfecto estado de conservación, con etiqueta legible y, cuando resulte de aplicación, contar con todas las preceptivas homologaciones y certificados de calidad.

- Responder de los daños producidos por su mala praxis (daños derivados de la carga, la estiba, el trincaje o la descarga), la de su personal o subcontratistas, con inobservancia de la normativa vigente o de las instrucciones aportadas por medio de la/s ficha/s de estiba.

Definición

Es un documento realizado para exonerarse de responsabilidad ante los transportes contratados para mercancías en cuya compraventa las partes compradora y vendedora han pactado una regla Incoterms EXW.

En el artículo 20.1 de la ley sectorial de transporte se indica que la empresa cargadora –quien contrata el transporte en nombre propio– debe pactar la carga o estiba con la empresa transportista si no desea realizarla con sus propios medios. Nada dice, sin embargo, de qué sucede cuando la figura de la empresa cargadora no coindice con la de expedidora, como es el caso que sucede cuando se pacta una regla Incoterms EXW.

Si no se aplica correctamente esta regla, puede suceder que la empresa expedidora realice la carga de la mercancía por no estar presente la empresa cargadora (quien contrata el transporte –su cliente– que es quien está obligada). Tampoco debe realizar la carga el conductor del vehículo de transporte, puesto que necesariamente debería haber recibido formación en manejo de útiles para la carga.

Por otro lado, la empresa expedidora puede desconocer si su cliente ha formalizado un pacto de estiba y amarre con la transportista.

Por esa razón, es aconsejable realizar una carta de exoneración cuando el vehículo accede a las instalaciones de la empresa expedidora para dejar constancia de tales datos.

Emisora

La empresa expedidora que ha pactado con su cliente –la empresa cargadora– una regla Incoterms EXW 2010.

Receptora

La empresa transportista o la empresa cargadora, según sea el caso.

Reglamentación

- Ley 15/2009 de 11 de noviembre, del Contrato de Transporte Terrestre de Mercancías.
- Directiva 47/2014/UE.
- RD 563/2017, y las normas técnicas aplicables indicadas en su Anexo III.

Modelo de carta de manifestación del transportista sobre cargas bajo las reglas Incoterms EXW y FCA planta

Sr./Sra. ____________________.
con DNI ____________________.
conductor/conductora del camión con matrícula ____________________.
de la empresa de transporte ____________________.
con CIF ____________________.

DECLARO

1. Que la empresa cargadora no ha contratado la prestación del servicio de transporte, sino que dicho servicio ha sido contratado por la empresa ____________________.
2. Que conozco y he recibido información, previamente a las labores de carga, del RD 563-2017 que determina la estiba y sujeción de las cargas de acuerdo con la norma EN12195-1.
3. Que mediante la firma de este documento manifiesto la realización de los trabajos de estiba, distribución de peso y trincaje, y revisión del estado de los elementos de sujeción de conformidad con dicha normativa, asumiendo mi representada la total responsabilidad de dichos trabajos.
4. Que dispongo de los puntos de anclaje y de los elementos de sujeción necesarios para hacer una estiba en condiciones de seguridad y que todos ellos están en perfecto estado de uso.
5. Que la empresa cargadora tan solo realizará la carga del material en el sentido de depositar la mercancía en el lugar que yo le designe.
6. Que la empresa cargadora queda exonerada de cualquier responsabilidad que se pueda derivar de remociones o movimientos de carga posteriores a la carga de la mercancía en sus instalaciones.
7. Que este documento se suscribe con carácter previo a las labores de carga y a la presentación del vehículo en las instalaciones de la empresa cargadora.

Localidad: ____________________.
Fecha: ____________________.

Firma:

Mediante la firma del presente documento se declara asimismo recibir información sobre los riesgos específicos de expedición y recepción de mercancías que constan en su reverso.

9 Carta de porte CMR

Definición

La carta de porte CMR es un documento fehaciente que prueba la existencia de un contrato de transporte de mercancías internacional por carretera. Es decir, aunque no haya propiamente un contrato de transporte, el transporte se materializa con la existencia de la carta de porte CMR por contener los elementos esenciales de la prestación del servicio.

En caso de ausencia de la carta de porte CMR, contener datos incorrectos o pérdida de la misma, estas situaciones no afectan a la existencia o validez del servicio, que estará sometido a las disposiciones del Convenio CMR.

La carta de porte CMR tiene tres funciones fundamentales:

a) Da fe de la entrega de las mercancías a la empresa transportista y de que estas se han recibido en buen estado.

b) Si la empresa transportista no realiza reservas, se presume que la mercancía se encuentra en perfectas condiciones en el momento de la carga, respondiendo esta de los daños que pueda sufrir durante el transporte.

c) Definir los elementos esenciales del servicio de transporte, aplicando en lo no regulado las disposiciones del Convenio CMR.

Emisora y receptora

En ocasiones la emite la empresa transportista a fin de que el conductor del vehículo tenga los datos necesarios para realizar el servicio.

En la práctica, suele emitirla la empresa cargadora en cargas completas, rellenando los datos cuando llega la transportista.

También puede especificarse en la orden de carga o el contrato de transporte quién tiene que aportarla.

En el caso de cargas parciales o grupajes, las cartas de porte CMR son tramitadas por la empresa transportista para regular los transportes internos que agrupan las mercancías en cada una de sus instalaciones logísticas, para después realizar las expediciones internacionales.

Reglamentación

- Ley 15/2009 de 11 de noviembre, del Contrato de Transporte Terrestre de Mercancías.
- Convenio, de 19 de mayo de 1956, sobre el contrato de transporte internacional de mercancías por carretera (CMR).

Modelo carta de porte CMR (2007)

1 Exemplaire de l'expéditeur / Copy for sender

LETTRE DE VOITURE INTERNATIONALE (CMR) INTERNATIONAL CONSIGNMENT NOTE Pays/Country No ....

1 Expéditeur (nom, adresse, pays) / Sender (name, address, country)

2 Destinataire (nom, adresse, pays) / Consignee (name, address, country)

3 Prise en charge de la marchandise / Taking over the goods:
Lieu / Place
Pays / Country
Date
Heure d'arrivée / Time of arrival — Heure de départ / Time of departure

4 Livraison de la marchandise / Delivery of the goods:
Lieu / Place
Pays / Country
Heures d'ouverture du dépôt / Warehouse opening hours

5 Instructions de l'expéditeur / Sender's instructions

6 Transporteur (nom, adresse, pays, autres références) / Carrier (name, address, country, other references)

7 Transporteurs successifs / Successive carriers
Nom / Name
Adresse / Address
Pays / Country
Reçu et acceptation / Receipt and Acceptance — Date — Signature

8 Réserves et observations du transporteur lors de la prise en charge de la marchandise / Carrier's reservations and observations on taking over the goods

9 Documents remis au transporteur par l'expéditeur / Documents handed to the carrier by the sender

10 Marques et numéros / Marks and Nos	11 Nombre de colis / Number of packages	12 Mode d'emballage / Method of packing	13 Nature de la marchandise / Nature of the goods	14 Poids brut, kg / Gross weight in kg	15 Cubage m3 / Volume in m3

Numéro ONU / UN Number — Nom voir **13** / Name see **13** — Numéro d'étiquette / Label Number — Groupe d'emballage / Packing Group (ADR*) (ADR*)

16 Conventions particulières entre l'expéditeur et le transporteur / Special agreements between the sender and the carrier

17 A payer par / To be paid by:	Expéditeur / Sender	Destinataire / Consignee
Prix de transport / Carriage charges		
Frais accessoires / Supplementary charges		
Droits de douane / Custome duties		
Autres frais / Other charges		

18 Autres indications utiles / Other useful particulars

19 Remboursement / Cash on delivery

20 Ce transport est soumis, nonobstant toute clause contraire, à la Convention relative au contrat de transport international de marchandises par route (CMR)
This carriage is subject, notwithstanding any clause to the contrary, to the Convention on the Contract for the International Carriage of Goods by Road (CMR)

21 Etablie à / Established in — le / on — 20.

24 Marchandises reçues / Goods received
Heure d'arrivée / Time of arrival — Heure de départ / Time of departure

22

23

Lieu / Place — le / on 20. — 20.

Signature ou timbre de l'expéditeur / Signature or stamp of the sender

Signature ou timbre du transporteur / Signature or stamp of the carrier

Signature et timbre du destinataire / Signature and stamp of the consignee

Partie non contractuelle réservée au transporteur / Non-contractual part reserved for the carrier

No ....

Modèle IRU 2007

Modelo carta de porte CMR (1976)

1. Remitente (nombre, domicilio, país) Sender (name, address, country)	**CARTA DE PORTE INTERNACIONAL** **INTERNATIONAL CONSIGNMENT** **NOTE** **CMR**

Este transporte queda sometido, no obstante toda cláusula contraria al Convenio sobre el Contrato de Transporte Internacional de Mercancías por Carretera (CMR)

This carriage is subject, not withstanding any clause to the contrary, to the Convention on the Contract for the International Carriage of the goods by road (CMR)

2. Consignatario (nombre, domicilio, país) Consignee (name, address, country)	**16 Porteador (nombre de la empresa, domicilio, país)** Carrier (name, address, country) Matrículas de los vehículos/Registration number:
3. Lugar de entrega de la mercancía (localidad, país) Place of delivery of the goods (place, country, date)	**17. Porteadores sucesivos (nombre, domicilio, país)** Succesives carriers (name, address, country)
4. Lugar y fecha de carga de la mercancía (localidad, país, fecha) Place and date of taking over the goods (place, country, date)	**18. Reservas y observaciones del porteador** Carriers reservations and observations
5. Documentos anexos Documents attached	

6. Marcas y nº Marks and Nº	7. Nº de bultos Number of packages	8. Clase de embalaje Kind of packing	9. Naturaleza de la mercancía Nature of the goods	10. Núm. estadístico Statistical number	11 Peso bruto kg Gross weight	12 Volumen mc Volume cm

Clase Class	Numero Number	Letra Letter	(Acuerdo ADR) (Agreement ADR)

13. Instrucciones del expedidor/remitente. Sender´s instructions	**19. Estipulaciones particulares** Special agreements

20. A pagar por: To be paid for:	Remitente Sender	Moneda Currency	Consignatario Consignee
Precio del porte Carriage charges Descuentos Deductions			
Neto/Balance Otros cargos Other charges			
Total			

14. Forma de pago/ Method of payment ☐ Porte pagado/Carriage paid ☐ Porte debido/Awaiting payment	

21. Formalizado en a Established in on	**15. Reembolso a cobrar en destino/ Cash on delivery**

22.	23	24 Lugar a Place on
Firma y sello del remitente Signature and stamp of the sender	Firma y sello del transportista Signatura and stamp of the carrier	Firma y sello del consignatario Signatura and stamp of the consignee

Cumplimentación de la carta de porte (modelos de 2007 y 1976)

El Convenio CMR no aporta un modelo de carta CMR, aunque si ofrece las claves de su contenido en su artículo 6, y además indica que las partes que suscriben la carta de porte pueden incluir otros acuerdos no mencionados en el precepto.

Con el objetivo de normalizar el formato de este documento, la IRU estableció en 1976 un modelo de carta de porte CMR que ha sido, con algunas variantes, ampliamente admitido e implantado por las empresas transportistas y cargadoras.

En 2007 creó otro modelo que coexiste con el anterior según las necesidades, ya que tienen diferente configuración y contenido adicional.

Las principales diferencias entre los modelos de 2007 y 1976 son las siguientes:

1 Modelo CMR 2007

Algunas de sus casillas conservan el contenido del modelo de 1976 y únicamente cambian de numeración. En otras se añaden nuevos contenidos:

Casilla 3. *Lugar y fecha de origen* (toma de la carga)

Añade la referencia de la hora de llegada y de salida; es decir, la hora de presentación del vehículo y la de salida cargado.

Con ello se asegura la verificación de los tiempos de desplazamiento, ya que un tiempo de espera demasiado prolongado (por paralizaciones, por ejemplo) puede derivar en indemnizaciones a la empresa transportista.

Cuando se trate la casilla 24, veremos la misma previsión respecto al lugar de destino si, al llegar la mercancía, la empresa destinataria no está dispuesta para la descarga a esa hora concreta, lo que conlleva indemnizaciones por inmovilización del vehículo.

Casilla 4. *Hora de apertura de las instalaciones de la empresa destinataria*

Esta previsión no fue reflejada en el modelo de carta de porte CMR de 1976; sin embargo, se incluye en esta revisión por resultar muy útil para que la empresa transportista evite llegar a un local cerrado por horarios desconocidos, festividades u otros acontecimientos, con las consecuencias de espera que llevan aparejadas.

En Francia, este dato es obligatorio según su *document de suivi* (documento de control).

Casilla 6. *Identificación del transportista*

Se establece la posibilidad de introducir otros datos de interés o utilidad, como el número de autorización administrativa como transportista (lo cual transmite, además, mayor rigor profesional), por ejemplo, u otros datos identificativos.

Casilla 7. Transportistas sucesivos

Se añade la referencia a la mercancía recibida y aceptada, seguida de la fecha y firma, pues ello comporta la entrada formal en el contrato de los transportistas sucesivos (artículo 34 del Convenio CMR).

Así, estos descargan de responsabilidad, en su caso, al primer transportista. Entre las nuevas casillas 6 y 7 se añade, además, una línea de separación para establecer más claramente la diferencia con que actúan la empresa transportista primera o principal y las transportistas sucesivas (las anteriores casillas 6 y 7 estaban unidas en el modelo de 1976).

Casilla 8. Reservas del transportista

Se especifica que se trata de las reservas realizadas en el momento de la toma en carga de la mercancía (según indica el artículo 8 del Convenio CMR), no siendo válidos los cuños –que se han venido utilizando– de «pendiente de revisión, etc.».

Es también el lugar para especificar las reservas en origen, identificadas según lo dispuesto en el artículo 35 del Convenio CMR.

Casilla 9. Documentos adjuntos

En esta ocasión, se realiza la distinción de que se trata solo de documentos "entregados por el remitente al transportista" (en el modelo de 1976 se denominaban «anexos»). Con esta indicación se aclara la función de esta casilla, recordando que los únicos documentos vinculantes son los entregados por la empresa cargadora a la transportista.

Casilla 10. Se suprime la referencia a un número estadístico cuya utilidad y propósito ni el transportista ni otros intervinientes en el transporte suelen emplear.

Mercancías peligrosas

Los datos para mercancías peligrosas se corresponden ahora con el Convenio ADR: nombre, número de etiqueta, número de las Naciones Unidas y grupo de embalaje.

Casilla 17. Portes o precio del transporte

Las antiguas casillas se han unificado:

- *Porte pagado.* La expresión «porte pagado» –en la anterior casilla 14– inducía a error. ¿Por quién estaba pagado? Simplemente se quería decir que correspondía pagarlo a la empresa remitente, pero no se aclaraba la cuestión.

- *Porte debido.* Se trataba de una casilla muy ambigua, pues no especificaba por quién era debido.

Casilla 18. Otras indicaciones útiles

No es el lugar para establecer reservas o instrucciones de cualquiera de las partes, sino que su finalidad es la de insertar información útil, como:

- Matrícula del vehículo.
- Peso útil y MMA.
- Volumen.
- Otros requisitos, como mercancías peligrosas, por ejemplo.

Casilla 20. La referencia al Convenio CMR como normativa aplicable

Se establece al lado de las firmas, para garantizar su visibilidad.

Casilla 22. Firma o sello de la empresa remitente

En el modelo de 1976, se generaba un problema al utilizar la conjunción «y», en la expresión «Firma y sello», sin ser ésta una obligación impuesta por el Convenio CMR. El problema se soluciona al utilizar la conjunción «o».

Casilla 23. Firma o sello de la empresa transportista

Es un caso idéntico al anterior apartado, donde se ha modificado la conjunción «y» por la de «o»: «Firma o sello».

De esta forma existe equilibrio entre ambas partes, y que no incumbe al destinatario, aunque aparezcan sus datos.

Casilla 24. Firma y sello del destinatario, y fecha de recepción de la mercancía

En este caso permanece la conjunción «y» (Firma y sello), pues el destinatario no es parte del contrato ni para él nacen derechos hasta que la mercancía llega a destino y la empresa transportista la pone a su disposición.

2 Modelo CMR 1976

Cláusula de sometimiento al Convenio CMR

Aunque el Convenio CMR es de aplicación imperativa (art. 40.1), la carta de porte suele incluir en su encabezado una cláusula de sometimiento expreso, por mandato del artículo 6.1,k de dicho convenio.

Casilla 1. Remitente (art. 6.1,b)

El remitente o expedidor es quien entrega las mercancías debidamente acondicionadas (artículos 21 Ley 15/2009 y 22 del Convenio CMR), etiquetadas y marcadas, al transportista para su transporte.

Casilla 2. Destinatario (art. 6.1,e)

Datos de la empresa a la que la transportista debe entregar en destino las mercancías (suele tratarse de la compradora de las mercancías en el contrato de compraventa).

Casilla 3. Lugar de entrega de la mercancía (art. 6.1,d)

Lugar, normalmente domicilio de la empresa compradora, donde deben entregarse las mercancías por la transportista, en el tiempo, el plazo y la forma pactados.

Casilla 4. Lugar y fecha de la toma en carga de la mercancía (art. 6.1,d)

Lugar donde la empresa transportista toma la mercancía en origen (establecimiento de la empresa expedidora o vendedora de los bienes).

Casilla 5. Documentos adjuntos (art. 6.2, g)

Suele tratarse de documentos entregados por la empresa expedidora para su custodia y el acompañamiento de la mercancía, la presentación en destino o en inspección en carretera (factura, ficha de estiba, certificados, lista de contenido, etc.).

Casillas 6 a 9. Marcas y números, número de bultos, modo de embalaje y naturaleza de la mercancía (arts. 6.1,f y 6.1, g)

La empresa transportista deberá verificar que los datos contenidos en la carta de porte coinciden con la mercancía transportada. Por este motivo es esencial indicar en este apartado:

- Marcas comerciales de la mercancía.
- Señas en el embalaje.
- Número de bultos.
- Modo de embalaje (palés, cajas, bidones, etc.).
- Descripción suficiente e identificativa de la mercancía.
- Gestión de palés (intercambios, débitos existentes, etc.).

Casilla 10. Número estadístico

Generalmente, esta casilla no se rellena y queda vacía. Este fue uno de los elementos comparativos entre los modelos de carta de porte de 1976 y el de 2007. En el modelo de la IRU de 2007 ya no se establece esta casilla por ser poco operativa y ha sido sustituida por una más útil. De todas formas, si se rellena, deberá indicar el código de nomenclatura combinada o el código TARIC (arancel comunitario) de la mercancía.

Casillas 11 y 12. Peso bruto y volumen (art. 6.1, h)

Es poco común indicar el volumen de la mercancía. El peso sí es importante, ya que depende de este dato el cálculo del límite de indemnización del transportista en caso de pérdida o avería de la mercancía.

Casilla 13. Instrucciones del remitente (arts. 6.1,j; 6.2, a, e y f)

Esta casilla ha sido generalmente utilizada para incluir indicaciones por parte de la empresa expedidora o vendedora sobre:

- Prohibición de trasbordo.
- Seguro de las mercancías.
- Formalidades aduaneras.
- Temperatura.
- Especificaciones medioambientales.
- Horas de llegada y salida.
- Plazo de transporte.
- Gestión de palés o intercambios.

Casilla 14. Forma de pago (art. 6.1, i)

Es habitual indicar la regla Incoterms bajo la cual se realiza la compraventa, para especificar quién debe asumir el precio del transporte (por ejemplo, en la regla Incoterms EXW lo asume la parte compradora).

Casilla 15. Reembolso (art. 6.2, c)

Se debe indicar si el pago será contrarrembolso, por lo que la empresa transportista deberá gestionar también esta labor, efectuando el cobro de la mercancía como requisito previo a su entrega.

Casillas 16 y 17. Porteador y porteadores sucesivos (art. 6.1, c)

Debe identificarse al transportista/porteador.

El Convenio CMR no establece una definición diferenciadora entre ambos conceptos, pero si nos la aporta la Ley 15/2009

En caso de intermediación o empresas transportistas sucesivas, estas también se deben identificar. Es habitual –aunque no obligatorio– anotar la matrícula de cuantos vehículos intervengan en el transporte.

Casilla 18. Reservas y observaciones del porteador

Casilla destinada a las reservas del transportista. Las más comunes son las relativas al examen de la mercancía y estado del embalaje cuando se recibe del expedidor (artículo 35 del Convenio CMR).

Casilla 19. Estipulaciones particulares (art. 6.2, a y d)

Es la casilla dedicada a establecer cláusulas de sometimiento a arbitraje o tribunales, condiciones de seguro, pactos de estiba y sujeción de la carga, indicaciones o discrepancias de la empresa cargadora, etc.

También se pueden realizar declaraciones de valor o de interés especial. Para ello, es aconsejable realizar los cálculos de indemnización y límites de responsabilidad establecidos por la ley a la hora de redactar un contrato, realizar una orden de carga o decidir sobre la carta de porte.

Casilla 20. Gastos (art. 6.2, b)

Suele dejarse sin cumplimentar.

Casilla 21. Lugar y fecha de emisión (art. 6.1,a)

Se suele repetir el lugar de la casilla 4 indicando la fecha.

Casillas 22 y 23. Firma y sello del remitente y del porteador

El Convenio CMR ofrece la opción de «firma o sello», pero no establece la obligación de ambas. Sin embargo, en algunos países, como Francia, se sanciona el hecho de que falte una de ellas.

Casilla 24. Recibo de la mercancía. Firma y sello del destinatario

Con su firma se prueba la entrega de la mercancía en destino.

10 Documento de control administrativo

Definición

Es un documento que se utiliza fundamentalmente para documentar los envíos realizados a escala nacional y resulta de obligado cumplimiento.

Emisora

Según el artículo 4 de la orden FOM 2861/2012:

a) El transportista efectivo (persona física o jurídica, titular de la autorización a cuyo amparo se realiza materialmente el transporte).

b) La empresa cargadora contractual (persona física o jurídica que contrata directamente con la transportista efectiva el transporte del envío, ya sea la empresa cargadora efectiva o bien otro transportista, una cooperativa o sociedad de comercialización, una agencia de transporte, una empresa transitaria, almacenista-distribuidor, operador logístico o cualquier otra que contrate habitualmente transporte o intermedie habitualmente en su contratación).

Tanto la empresa cargadora como la transportista responderán o serán sancionadas de no emitir el documento o de no llevarlo a bordo del vehículo de transporte.

La empresa cargadora podrá eximirse de su responsabilidad si prueba que se emitió. Es obligatorio emitir dos ejemplares del documento de control. Uno quedará en poder de la empresa cargadora contractual y otro, en poder del transportista efectivo, debiendo este último llevarlo a bordo del vehículo durante el transporte del envío de que se trate.

Reglamentación

Orden FOM/2861/2012 y su modificación por medio del RD 70/2019, de 15 de febrero, por el que se modifican el Reglamento de la Ley de Ordenación de los Transportes Terrestres y otras normas reglamentarias.

CONTRATO MERCANTIL DE TRANSPORTE DE MERCANCÍAS POR CARRETERA

Documento de control para transporte nacional de mercancías

Emitido según OFOM 2861/2012 de 13 de diciembre (BOE de 5/01/2013) por la que se regula el documento de control administrativo exigible para la realización de transporte público de mercancías por carretera y modificación mediante RD 70/2019. Es obligatorio cumplimentar los datos de las casillas con denominación subrayada: 1, 7, 8, 4, 5, 15, 16, 21, 9 y 10.

---

1 Empresa cargadora contractual (nombre, domicilio y NIF)

El presente contrato se regirá en lo no previsto expresamente en el mismo por la Ley del Contrato de Transporte Terrestre de Mercancías (Ley 15/2009, BOE de 12 de noviembre) y sus Condiciones Generales de Contratación (Orden FOM/1882/2012, de 1 de agosto).

Finalizado del transporte, los sujetos obligados a documentar los envíos conforme a la regulación del documento de control deben conservar un ejemplar o copia a disposición de la Inspección de Transporte Terrestre, durante al menos un año.

---

2 Empresa remitente/expedidora (nombre, domicilio y NIF)

7 Porteadora (empresa transportista u operadora de transportes que ha contratado directamente con la cargadora; nombre, domicilio y NIF)

---

3 Empresa destinataria/consignataria (nombre, domicilio y NIF)

8 Empresas porteadoras sucesivas/transportista efectiva (nombre, domicilio y CIF/NIF)

---

4 Lugar de entrega/destino de la mercancía (localidad)

9 Matrícula tractora

Tractora sustituta

10 Matrícula remolque

Remolque sustituto

---

5 Lugar y fecha de carga/origen de la mercancía (lugar, fecha)

11 Reservas y observaciones de la empresa porteadora

---

6 Documentos anexos

---

12 Marcas y núm. de los bultos 14 Clase de embalaje	13 Número de bultos	15 Naturaleza de la mercancía	16 Peso bruto, kg.	17 Volumen, m³
Clase Cifra Letra (ADR)*				

---

18 A pagar por	Remitente		19 Instrucciones de la empresa remitente
	Consignataria		
Precio del transporte			

---

20 Estipulaciones particulares y referencia a la orden de carga que ha generado este contrato y cuyas condiciones son aceptadas por las partes

---

21 Identificación de la autorización especial de circulación expedida por el órgano competente en materia de tráfico, circulación y seguridad vial, cuando el vehículo haya de circular amparado por una de estas autorizaciones (RD 70/2019).

---

22 Formalizado en (fecha de realización del transporte)   a   de   de 20

23	24	25 Recibo de la mercancía
Firma y sello empresa remitente/expedidora	Firma y sello empresa porteadora	Lugar a 20 Firma y sello empresa consignataria

Definición

El procedimiento interno para carga es una instrucción de trabajo que tiene como finalidad establecer la operativa que ha de seguir el personal (sea propio o subcontratado) que participa en la tarea de carga de mercancías en el área de expedición de la empresa que lo desarrolla.

Emisora

La empresa cargadora.

Receptora

La empresa transportista que vaya a realizar una labor de carga en las instalaciones de la empresa cargadora.

Reglamentación

- Artículo 1902 del Código Civil: «El que por acción u omisión causa daño a otro, interviniendo culpa o negligencia, está obligado a reparar el daño causado». Es conveniente basarse en unas instrucciones de contenido mínimo la empresa transportista y no dar instrucciones concretas sin verificación.
- Artículo 1903 del Código Civil: «Los dueños o directores de un establecimiento o empresa son responsables respecto de los perjuicios causados por sus dependientes en el servicio de los ramos en que los tuvieran empleados, o con ocasión de sus funciones».
- Ley 31/1995, de 8 de noviembre, de Prevención de Riesgos Laborales.
- Ley 54/2003, de 12 de diciembre, de reforma del marco normativo de la prevención de riesgos laborales.
- Real Decreto Legislativo 1/1995, de 24 de marzo, por el que se aprueba el texto refundido de la Ley del Estatuto de los Trabajadores.
- Real Decreto 39/1997, de 17 de enero, por el que se aprueba el Reglamento de los Servicios de Prevención.

<table>
<tr><td colspan="2">Modelo de procedimiento interno de carga, estiba y amarre

Título</td><td>Código: XXXX
Revisión: XX/ A
Fecha:
Página: 1 de 4</td></tr>
</table>

Título

Elaborado por	Revisado por	Aprobado por
Nombre	Nombre	Nombre
Cargo	Cargo	Cargo
Fecha	Fecha	Fecha

Modelo de procedimiento interno de carga, estiba y amarre	Código: XXXX Revisión: XX/ A Fecha: Página: 2 de 4
Título	

Índice

(Incorporar los puntos principales que componen el proceso de carga.)

1 Objeto

El objeto de esta instrucción de trabajo es establecer la operativa que ha de seguir el personal de la empresa proveedora que participa en la operativa de carga de materiales en expedición de la empresa cargadora.

2 Alcance

Esta especificación es de aplicación para la empresa _______________, ubicada en _________________________________, que carga materiales en expedición.

3 Desarrollo

Pasos a seguir para la carga de materiales en expedición de la empresa cargadora:

1 _______________________________.

2 _______________________________.

3 _______________________________.

(Definir los pasos principales del proceso de carga de la mercancía.)

3.1 Aspectos de seguridad y salud laboral

El personal que vaya a realizar operaciones de carga en las instalaciones de la empresa cargadora, deberá observar en todo momento las medidas de seguridad y salud laboral establecidas en la organización.

<table>
<tr><td>Modelo de procedimiento interno de carga, estiba y amarre

Título</td><td>Código: XXXX
Revisión: XX/ A
Fecha:
Página: 3 de 4</td></tr>
</table>

Se deberá poner especial atención en los siguientes riesgos de la carga de __________________:

    1 _______________________________.

    2 _______________________________.

    3 _______________________________.

(Definir los riesgos principales de las tareas de carga de la mercancía a tratar.)

Antes de comenzar con los trabajos de carga, el personal que realice estas funciones deberá disponer de los equipos de protección individual (EPI) requeridos para esta operación, y que son los siguientes:

- Calzado de seguridad (con suela antideslizante).
- Guantes.
- Mascarilla.
- Protección auditiva.

(Este listado deberá adaptarse a las características y necesidades de cada situación y empresa.)

Queda terminantemente prohibido el uso del teléfono móvil durante el manejo de la maquinaria, o cualquier otro sistema de comunicación. El teléfono móvil solo podrá utilizarse para asuntos relacionados con instrucciones de trabajo o incidentes, y con la máquina parada. También queda prohibido el uso de aparatos tecnológicos, musicales, auriculares o reproductores de sonido.

3.2 Manejo de maquinaria

Para el manejo de __________________ se deben de seguir las siguientes normas:

(Describir por cada máquina que se utilice para las labores de carga.)

<table>
<tr><td colspan="2">Modelo de procedimiento interno de carga, estiba y amarre

Título</td><td>Código: XXXX
Revisión: XX/ A
Fecha:
Página: 4 de 4</td></tr>
</table>

3.2.1 Operativa de manejo
(Describir por cada máquina que se utilice para las labores de carga.)

3.2.2 Incidencias o caídas
(Describir por cada máquina que se utilice para las labores de carga.)

3.2.3 Advertencias y prohibiciones
(Describir por cada máquina que se utilice para las labores de carga.)

4 Operativa para realizar la orden de carga

(Describir con detalle la operativa que se ha de seguir para realizar la orden de carga, teniendo en cuenta todos los aspectos y condicionantes que se hayan descrito.)

5 Matriz de cambios en el procedimiento de carga

Revisión	Fecha	Motivo
XX	DD/MM/AA	Descripción

12 Ficha de estiba

Definición

El concepto de «ficha de estiba», fue acuñado por los autores del modelo HDZ (Carlos Hernández Barrueco y Eva María Hernández Ramos) a partir de la normativa EN12195-1:2010, que sugería la necesidad de emitir «protocolos de amarre de carga».

La ficha consta de dos partes:

a) *Una parte técnica* (anverso), con imágenes de la carga, técnica de estiba recomendada, útiles a emplear, tabla con cálculos sobre el número o características de los amarres a emplear, y un código de trazabilidad para verificar la validez de la ficha.

b) *Un protocolo de responsabilidad jurídica* (reverso), un formato ideado por la autora de este manual que cubre las lagunas normativas en materia de carga, estiba y transporte, y puede utilizarse junto con la ficha técnica, las órdenes de carga, la carta de porte CMR, u otros documentos. En este protocolo se dispone un trazado de responsabilidad acorde con las normas publicadas por la Dirección General de Transportes, y que configura un pacto entre las partes, beneficioso para empresas cargadoras y transportistas.

Emisora

No existe todavía una reglamentación obligatoria, por lo que pueden ser emitidas, indistintamente, por la empresa cargadora, la expedidora o la transportista. Según las emita una u otra poseen numerosas ventajas a tener en cuenta.

Receptora

La empresa transportista y los profesionales autónomos, ya que la ficha ayuda a planificar la carga, aporta calidad de servicio, realiza traducción instantánea de las instrucciones, se encuentra en formato electrónico compatible con la carta de porte CMR electrónica, reduce los trámites burocráticos y hace las veces de pacto de estiba en carretera.

Reglamentación

- Directiva 47/2014 UE.
- Real Decreto 563/2017.
- Normas técnicas europeas:

- EN 12195-1   Cálculo de las fuerzas de sujeción de la carga.
- EN 12640   Puntos de amarre.
- EN 12642   Resistencia de la estructura de la carrocería de los vehículos.
- EN 12195-2   Cinchas de amarre de fibras sintéticas.
- EN 12195-3   Cadenas de amarre.
- EN 12195-4   Cables de acero de amarre.
- EN 12641   Lonas.

- Ley 15/2009, de 11 de noviembre, del Contrato de Transporte Terrestre de Mercancías.
- Instrucción 18TV-103 de la DGT.
- Ley Orgánica 3/2018, de 5 de diciembre, de Protección de datos personales y garantía de los derechos digitales
- Reglamento (UE) 2016/679 del Parlamento Europeo y del Consejo de 27 de abril de 2016 relativo a la protección de las personas físicas en lo que respecta al tratamiento de datos personales y a la libre circulación de estos datos y por el que se deroga la Directiva 95/46/CE (Reglamento general de protección de datos).
- Código de prácticas OMI/OIT/CEPE-Naciones Unidas sobre la arrumazón de las unidades de transporte (Código CTU), enero de 2014.
- Norma alemana sobre sujeción de las cargas VDI 2700.

HDZ-ME-013-ARR-TU	Ficha:	Fleje sobre dos caballetes inclinados. Articulado		Elaborada por	Eva María Hernández Ramos Carlos Hernández Barrueco	
	Norma	EN 12195-1:2010		Ficha aplicable como (señale x)	Recomendación	Obligación
	Fecha:	12/5/2020			X	
	Versión:	V1			Podrían usarse también cintas. Los puntos de amarre deben tener al menos el 50 % de la LC requerida para cada amarre. Ejemplo: si se requieren 4 cintas de 5000 daN, cada punto debería soportar 2500 daN	
	Medidas	Largo	Ancho	Alto	Kg	
	Valores estándar:	0,5 m	1,8 m	1,8 m	4-5000 kg	

1. Cálculos válidos en los siguientes modos de transporte

CARRETERA	MAR A	MAR B	MAR C	FERROCARRIL
X	X	X	X	X

2. EPI obligatorios durante la estiba

3. Vistas generales

3.1 Vista general

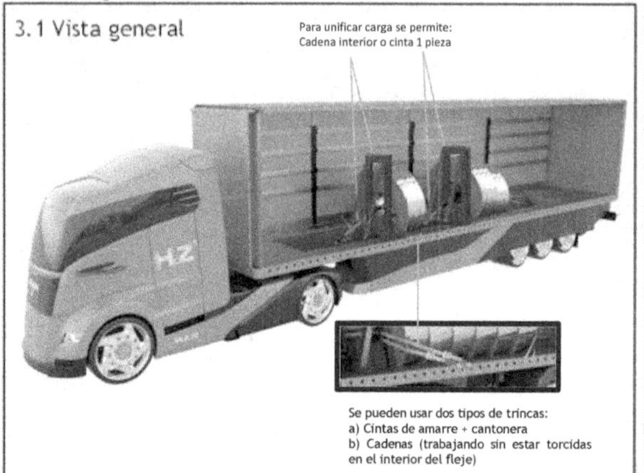

3.2 Vista lateral

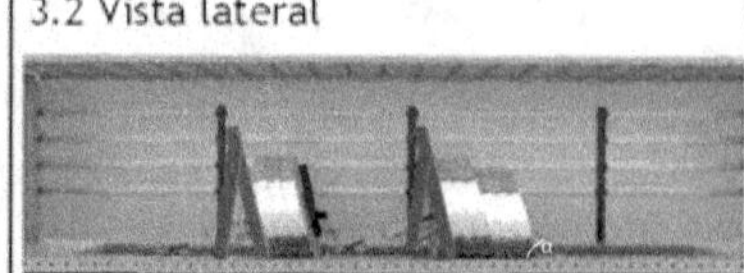

3.3 Vista superior

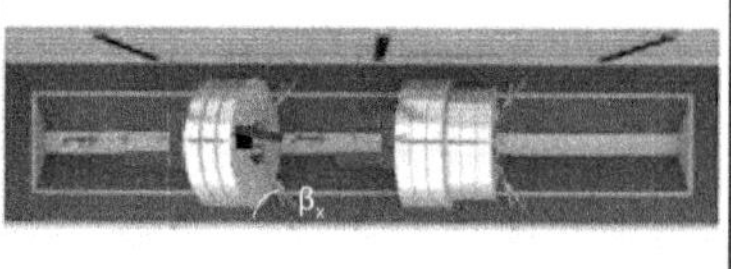

4. Útiles recomendados

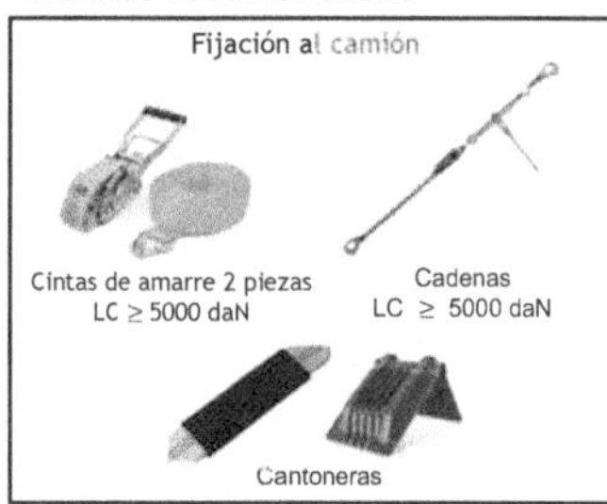

5. Resumen de los pasos principales

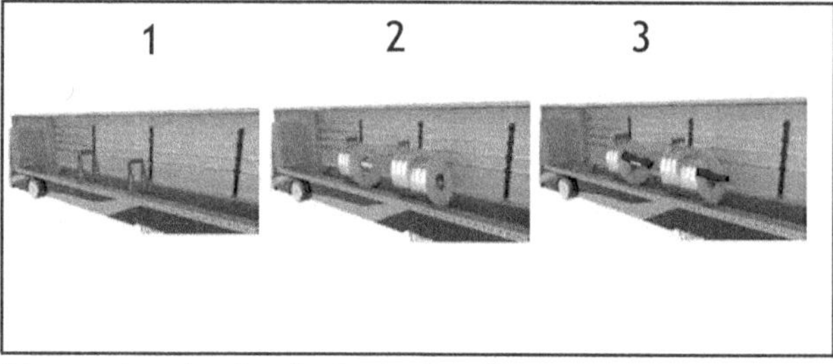

6. Número de trincas requeridas. Tabla con ejemplos de cálculos hechos. Úsese app para cada caso

VISTA LATERAL α — Ejemplo de cálculo: ángulo α= 40º / ángulo βx= 15º. Utilícese app para cada caso — VISTA SUPERIOR βx

¿Cómo saber cuál es la LC de una cinta? En la etiqueta aparece:

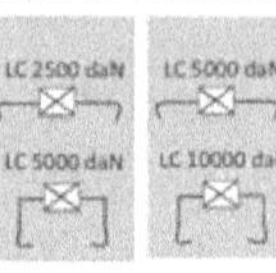

Capacidad de amarre de la trinca	Peso del conjunto de flejes	Número de trincas (cintas o cadenas) necesarias por lado	
		Sí el punto de amarre = 2000 daN	Si el punto de amarre ≥ 5000 daN
LC; 5000 daN	1-5 t	1 trinca	
	6-14 t	2 trincas	1 trinca
LC; 10000 daN	1-5 t	1 trinca	
	6-15 t	2 trincas	1 trinca

PROTOCOLO DE RESPONSABILIDAD JURÍDICA
CLAUSULAS APLICABLES

1. NORMATIVA APLICABLE. *El responsable de la parte técnica (anverso de la ficha), acredita que la presente ficha de estiba ha sido elaborada conforme las disposiciones sobre sujeción de las cargas de la Directiva 47/2014 y el RD 563/2017, siguiendo las directrices de las normas técnicas contenidas en el mencionado RD 563/2017 y normativa de estiba aplicable. La tabla es orientativa, debe realizarse el cálculo concreto.*

3. RESPONSABILIDAD EN FUNCION DE LA REGLA INCOTERMS USADA. *El propósito de la presente ficha de estiba es servir de directriz básica de estiba de carga a quien vaya a ejecutarla, e igualmente como certificado de estiba del responsable legal/contractual de la estiba de cargas en camión, una vez realizada dicha sujeción.*
La EMPRESA y el transportista pactan el servicio de distribución de peso, estiba y fijación de la carga (estiba y trincaje), antes de la efectiva presentación del vehículo, independientemente del incoterm. En función de ello, se presentaran las siguientes casuísticas de responsabilidad:

INCOTERM	CARGA	NO PACTADA SUJECIÓN	PACTADA (*) SUJECIÓN
EXW	CLIENTE	CLIENTE	TRANSPORTISTA
FCA PLANTA	EXPEDIDOR	CLIENTE	TRANSPORTISTA
RESTO FCA /FAS/ FOB	EXPEDIDOR	EXPEDIDOR	TRANSPORTISTA
CFR/CPT/CIF/CIP	EXPEDIDOR	EXPEDIDOR	TRANSPORTISTA
DAP/DPU/DDP	EXPEDIDOR	EXPEDIDOR	TRANSPORTISTA

(*) Se podrá pactar con el transportista, siempre antes de la efectiva presentación del vehículo, que éste realice la estiba y sujeción de la carga.

4. RECOMENDACIONES. *No se exige, pero se recomienda el uso de antideslizante y de cantoneras tipo Jumbo para evitar dañar la mercancía. Los ptos. de amarre deben tener, al menos, 0,5 LC requerida*

5. PLAZO DE VERIFICACIÓN. *Se verificará la tensión tras los descansos. Se verificará que los dispositivos de amarre no están dañados o carentes de etiqueta por la empresa y el conductor.*

6. PLAZOS PARA RECLAMAR. *En virtud de las disposiciones de la Ley 15//2009, se cumplirán los plazos indicados para las reclamaciones por pérdida, avería o retraso, para transporte terrestre por carretera, y la normativa aplicable en transporte marítimo, según sea el caso.*

8. INFORMACIÓN SOBRE PROTECCION DE DATOS

Responsable	Empresa cargadora
Finalidad	Ejecución del acuerdo
Legitimación	Firma del transportista de la ficha de estiba y pacto de estiba y amarre
Destinatarios	Empresas del grupo. Personal con acceso.
Derechos	Acceder, rectificar, suprimir sus datos, entre otros derechos que podrá ver en la información adicional.
Procedencia	Entrega de ficha de estiba firmada, mediante contrato de transporte o anexo al mismo.
Información adicional	Puede consultar información adicional sobre protección de datos en nuestra web.

2. RESPONSABILIDADES DE LAS PARTES

Acorde a la normativa vigente, así como a los pactos entre las partes se establece el presente cuadro de responsabilidades:

NORMA	COMENTARIO — QUÉ REGULA	CONDICIONANTE	EMPRESA	TRANSPORTISTA
EUMOS 40509 / LEY 15 2009 ART 21	EMBALAJE		Ejecución de la operación	Debe inspeccionarse
LEY 15/2009 ART 17	IDONEIDAD DEL VEHÍCULO	El cargador debe dar la información necesaria para definirlo	Contrata e indica necesidades e inspecciona	Ejecución de la operación
LEY 15/2009 ART 20	CARGA Y DISTRIBUCIÓN DEL PESO	Carga	Ejecución de la operación	Debe inspeccionarse
		Estiba (distribución de peso)	Debe inspeccionarse	Ejecución de la operación
EN 12195-1	ESTIBA Y AMARRE	PACTO	Contrata e indica necesidades e inspecciona	Ejecución de la operación
		La estiba y el amarre es realizada por el transportista, en función de pacto entre cargador y transportista, por escrito y previo a la efectiva presentación del vehículo.		
EN 12195-2 EN 12195-3 EN 12195-4	CINTAS, CABLES Y CADENAS DE AMARRE	PACTO	Contrata e indica necesidades e inspecciona	Ejecución de la operación
		Las cintas de amarre y otros útiles de estiba (cadenas, cables) son aportados por el transportista, respondiendo éste de su buen estado de conservación y uso.		
EN 12640 EN 12641 EN 12642 EUMOS 40511 ISO 1161 ISO 1496 EN 283	ESTRUCTURA Y REQUISITOS DE LOS VEHÍCULOS	VEHÍCULO PROPIEDAD DEL TRANSPORTISTA	Contrata e indica necesidades e inspecciona	Ejecución de la operación

Leyenda:
- 🔍 Debe inspeccionarse
- ✓ Ejecución de la operación
- Contrata e indica necesidades e inspecciona

7. CERTIFICADO DE ESTIBA. El responsable de la parte técnica, certifica que los cálculos son correctos y han sido realizados acorde a la Directiva 47/2014 EU y el RD563/2017, así como a la norma EN12195-1:2010 y aplicables.
A/ Parte técnica: Luis Carlos Hernández Barrueco. Comisario de averías, titulado por el Colegio Oficial de la Marina Mercante y EUMOS Expert Member
www.hernandezbarrueco.com
info@seguridadenlascargas.com
Firma:

B/ Reverso legal: Eva María Hernández Ramos. Licenciada en Derecho y EUMOS Expert Member
www.evahernandezramos.es

Firma transportista.

Nombre
Apellidos
DNI

Fecha   Hora

Con su firma acepta el cumplimiento de las directrices básicas de la ficha de estiba.

	HDZ–ME–001–ARR–TU	Ficha:	Contenedor completo de piezas para estanterías			Elaborada por	Eva María Hernández Ramos Carlos Hernández Barrueco	
		Norma	EN 12195-1:2010			Ficha aplicable como (señale x)	Recomendación	Obligación
		Fecha:	25/6/2019				X	
		Version:	V2					
		Medidas	Largo	Ancho	Alto	Masa		
		Valores estándar:	1,5 m	0,8 m	0,9 m	5000 kg		

Si la carga no ocupase el 100% de la longitud requerida, habría que rellenar huecos con bolsas de estiba, Safety sheets, etc.

1. Cálculos válidos en los siguientes modos de transporte

CARRETERA	MAR A	MAR B	MAR C	FERROCARRIL
X	X	X	X	X

2. EPI obligatorios durante la estiba

3. Vistas generales

3.1 Vista general

3.2 Vista lateral

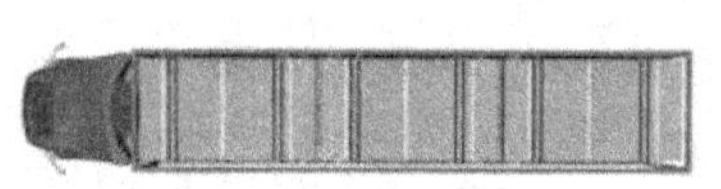

3.3 Vista superior

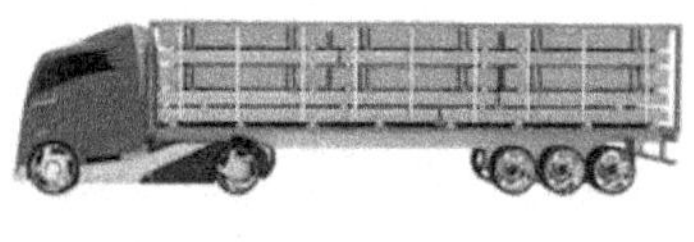

4. Útiles recomendados

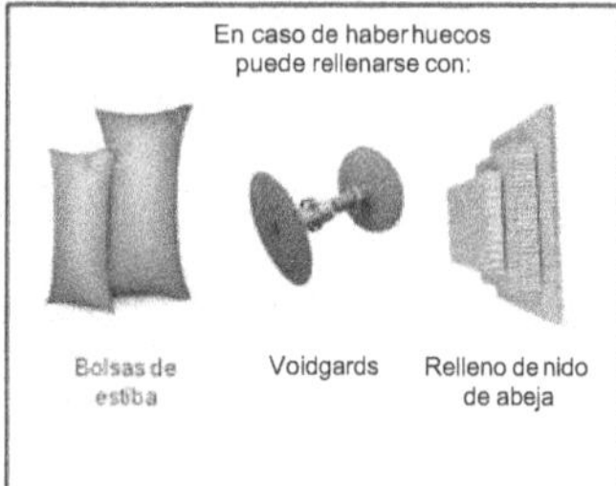

5. Resumen de los pasos principales

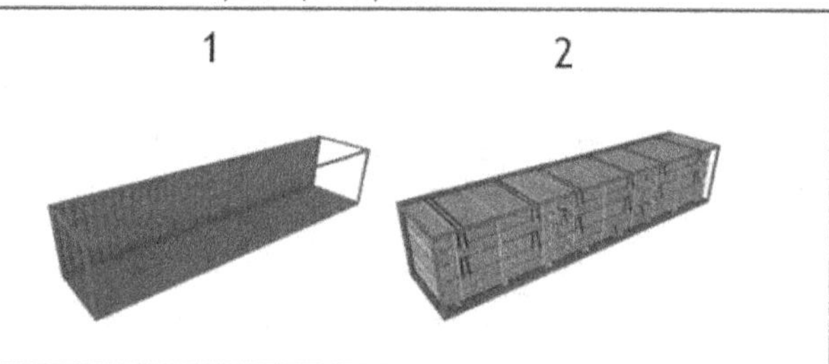

6. Indicaciones de carga para cumplimiento de normativa.

Al ir totalmente compactada la carga, no sería necesaria ninguna sujeción adicional, siempre que no haya huecos entre la carga y las paredes o puertas de más de 15 cm.

El contenedor deberá cumplir lasnormas; ISO 1496–1:2013
ISO 1161:2016

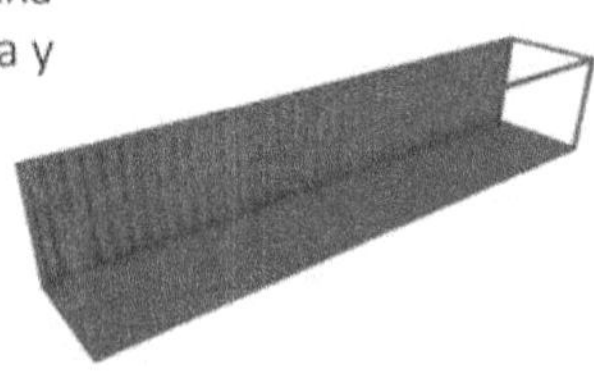

PROTOCOLO DE RESPONSABILIDAD JURÍDICA
CLAUSULAS APLICABLES

1. NORMATIVA APLICABLE. *El responsable de la parte técnica (anverso de la ficha), acredita que la presente ficha de estiba ha sido elaborada conforme las disposiciones sobre sujeción de las cargas de la Directiva 47/2014 y el RD 563/2017, siguiendo las directrices de las normas técnicas contenidas en el mencionado RD 563/2017 y normativa de estiba aplicable. La tabla es orientativa, debe realizarse el cálculo concreto.*

3. INCOTERMS USADO Y RESPONSABILIDAD EN FUNCION DEL INCOTERMS *El propósito de la presente ficha de estiba es servir de directriz básica de estiba de carga a quien vaya a ejecutarla, e igualmente como certificado de estiba del responsable legal/contractual de la estiba de cargas en camión, una vez realizada dicha sujeción. **** y el transportista pactan el servicio de distribución de peso, estiba y fijación de la carga (estiba y trincaje), antes de la efectiva presentación del vehículo, independientemente del incoterm. En función de ello, se presentaran las siguientes casuísticas de responsabilidad:*

INCOTERM	CARGA	NO PACTADA SUJECIÓN	PACTADA (*) SUJECIÓN
EXW	CLIENTE	CLIENTE	TRANSPORTISTA
FCA PLANTA	EXPEDIDOR	CLIENTE	TRANSPORTISTA
RESTO FCA /FAS/ FOB	EXPEDIDOR	EXPEDIDOR	TRANSPORTISTA
CFR/CPT/CIF/CIP	EXPEDIDOR	EXPEDIDOR	TRANSPORTISTA
DAP/DPU/DDP	EXPEDIDOR	EXPEDIDOR	TRANSPORTISTA

(*) Se podrá pactar con el transportista, siempre antes de la efectiva presentación del vehículo, que éste realice la estiba y sujeción de la carga.

4. RECOMENDACIONES *No se exige, pero se recomienda el uso de antideslizante. Deben rellenarse espacios vacíos con elementos como airbags o safety sheets*

5. PLAZO DE VERIFICACIÓN. *Se verificará la tensión tras los primeros 45' y tras los descansos. Se verificará que los dispositivos de amarre no están dañados o carentes de etiqueta por la empresa y el conductor.*

6. PLAZOS PARA RECLAMAR. *En virtud de las disposiciones de la Ley 15//2009, se cumplirán los plazos indicados para las reclamaciones por pérdida, avería o retraso, para transporte terrestre por carretera, y la normativa aplicable en transporte marítimo, según sea el caso.*

8. INFORMACIÓN SOBRE PROTECCION DE DATOS

Responsable	Empresa cargadora
Finalidad	Ejecución del acuerdo
Legitimación	Firma del transportista de la ficha de estiba y pacto de estiba y amarre
Destinatarios	Empresas del grupo. Personal con acceso.
Derechos	Acceder, rectificar, suprimir sus datos, entre otros derechos que podrá ver en la información adicional.
Procedencia	Entrega de ficha de estiba firmada, mediante contrato de transporte o anexo al mismo.
Información adicional	Puede consultar información adicional sobre protección de datos en nuestra web.

2. RESPONSABILIDADES DE LAS PARTES.

Acorde a la normativa vigente, así como a los pactos entre las partes se establece el presente cuadro de responsabilidades:

NORMATIVA APLICABLE			Responsabilidad ¿Quién debe realizarlo?	
NORMA	COMENTARIO / QUÉ REGULA	CONDICIONANTE	***	TRANSPORTISTA
EUMOS 40509 / LEY 15 2009 ART 21	EMBALAJE		Ejecución de la operación	Debe inspeccionarse
LEY 15/2009 ART 17	IDONEIDAD DEL VEHÍCULO	El cargador debe dar la información necesaria para definirlo	Contrata e indica necesidades e inspecciona	Ejecución de la operación
LEY 15/2009 ART 20	CARGA Y DISTRIBUCIÓN DEL PESO	Carga	Ejecución de la operación	Debe inspeccionarse
		Estiba (distribución de peso)	Debe inspeccionarse	Ejecución de la operación
EN 12195-1	ESTIBA Y AMARRE	PACTO	Contrata e indica necesidades e inspecciona	Ejecución de la operación
		La estiba y el amarre es realizada por el transportista, en función de pacto entre cargador y transportista, por escrito y previo a la efectiva presentación del vehículo.		
EN 12195-2 EN 12195-3 EN 12195-4	CINTAS, CABLES Y CADENAS DE AMARRE	PACTO	Contrata e indica necesidades e inspecciona	Ejecución de la operación
		Las cintas de amarre y otros útiles de estiba (cadenas, cables) son aportados por el transportista, respondiendo éste de su buen estado de conservación y uso.		
EN 12640 EN 12641 EN 12642 EUMOS 40511 ISO 1161 ISO 1496 EN 283	ESTRUCTURA Y REQUISITOS DE LOS VEHÍCULOS	VEHÍCULO PROPIEDAD DEL TRANSPORTISTA	Contrata e indica necesidades e inspecciona	Ejecución de la operación

Debe inspeccionarse — Ejecución de la operación

Contrata e indica necesidades e inspecciona

7. CERTIFICADO DE ESTIBA. El Comisario de Averías certifica que los cálculos han sido realizados acorde a la Directiva 47/2014 EU y el RD563/2017, así como a la norma EN12195-1:2010 y las recogidas en Anexo III del RD 563/2017.

A/ Parte técnica: Luis Carlos Hernández Barrueco. www.hernandezbarrueco.com Experto en Logística avanzada. Comisario de Averías titulado por el Colegio Oficial de la Marina Mercante, certifica que la parte técnica y cálculos son correctos. Correo de contacto: info@seguridadenlascargas.com

B/ Parte legal (responsabilidades y pactos): Eva María Hernández Ramos. www.evahernandezramos.com Licenciada en Derecho, abogada y primera mujer Maestra de las Cargas.

Firma Transportista.

Nombre
Apellidos
DNI

Fecha.   Hora.

Con su firma acepta el cumplimiento de las directrices básicas de la ficha de estiba.

HDZ-ME-001-GON-CA	Ficha:	Plataformas grandes de chapa			Elaborada por	Eva María Hernández Ramos Carlos Hernández Barrueco	
	Norma	EN 12195-1:2010			Ficha aplicable como (señale x)	Recomendación	Obligación
	Fecha:	1/7/2019					X
	Versión	V2					
	Medidas	Largo	Ancho	Alto	Masa		
	Valores estándar:	4 m	2,2 m	0,5 m	000 g		

1. Cálculos válidos en los siguientes modos de transporte

2. EPI recomendados

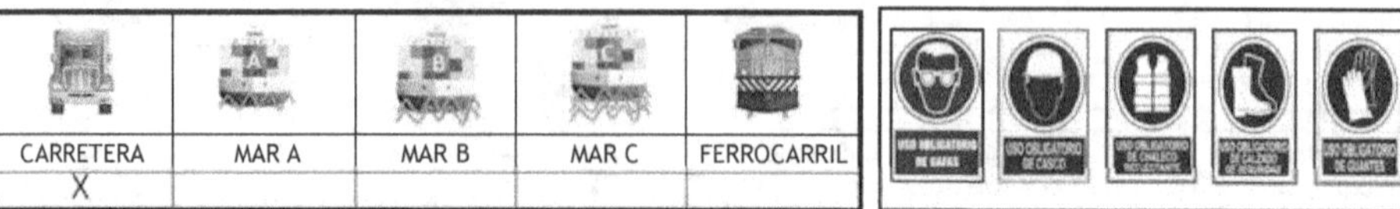

3. Vistas generales

3.1 Vista general

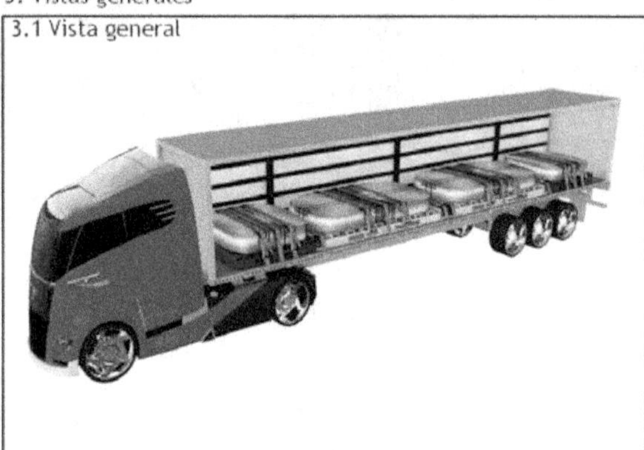

3.2 Vista lateral

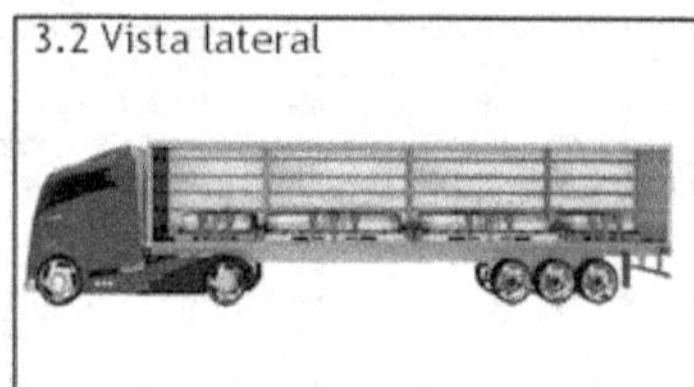

3.3 Vista superior

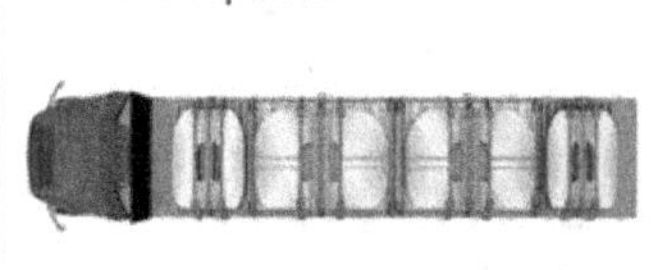

4. Útiles recomendados

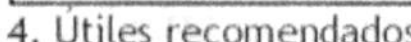

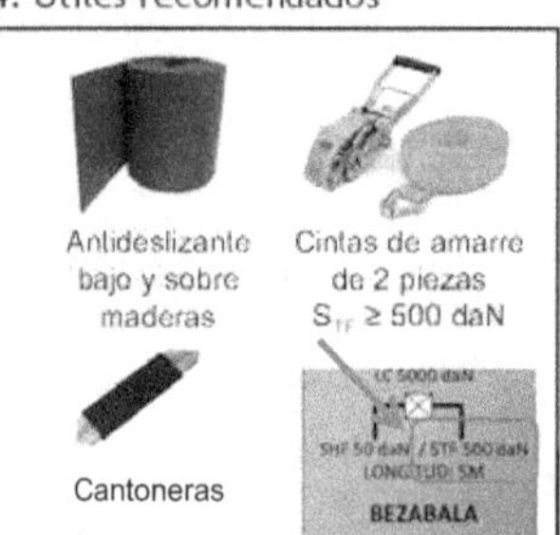

5. Pasos de carga

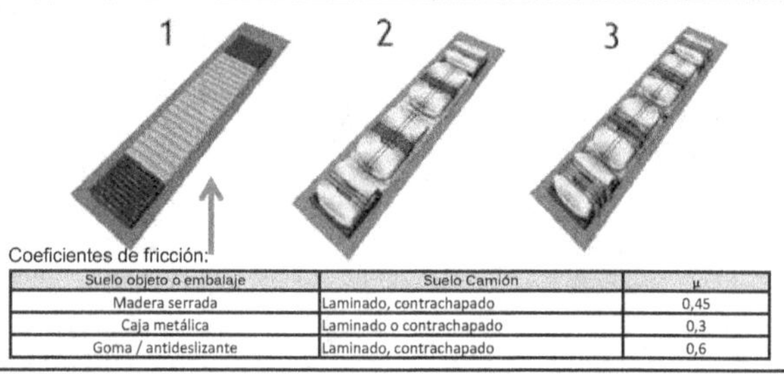

Coeficientes de fricción:

Suelo objeto o embalaje	Suelo Camión	μ
Madera serrada	Laminado, contrachapado	0,45
Caja metálica	Laminado o contrachapado	0,3
Goma / antideslizante	Laminado, contrachapado	0,6

6. N mero de amarres necesitamos seg n la STF de las cintas. Tabla con cálculos hechos.

kg del bulto o conjunto	STF	340 daN												500 daN											
	Angulo	45°				66°				90°				45°				65°				90°			
	Fricción	0,3	0,45	0,6	0,8	0,3	0,45	0,6	0,8	0,3	0,45	0,6	0,8	0,3	0,45	0,6	0,8	0,3	0,45	0,6	0,8	0,3	0,45	0,6	0,8

PROTOCOLO DE RESPONSABILIDAD JURÍDICA
CLAUSULAS APLICABLES

1. NORMATIVA APLICABLE. *El responsable de la parte técnica, acredita que la presente ficha de estiba ha sido elaborada conforme las disposiciones sobre sujeción de las cargas de la Directiva 47/2014 y el RD 563/2017, siguiendo las directrices de las normas técnicas contenidas en el mencionado RD 563/2017 y normativa de estiba aplicable.*

3. PACTO DE ESTIBA

El propósito del presente documento, es servir de directriz básica de estiba de carga a quien vaya a ejecutarla, e igualmente como certificado de estiba y/o arrumazón del responsable de la estiba.

*** **como empresa cargadora, pacta el servicio de estiba y fijación de la carga (estiba y trincaje), con el transportista, antes de la efectiva presentación del vehículo,** *independientemente del incoterms.*

En función de ello, **el transportista realiza la estiba, distribución de peso y amarre,** *siendo responsable de las sanciones en carretera y responsabilidades derivadas de una mala estiba.*

4. RECOMENDACIONES.

Se sugiere uso de cintas de 500 daN de STF o superior. La cinta no debe tocar la chapa metálica directamente, deben usarse cantoneras apropiadas.

5. PLAZO DE VERIFICACIÓN.

Se revisará la carga tras los descansos. Es recomendable, si es posible, una primera revisión tras los primeros 45'

6. PLAZOS PARA RECLAMAR. *En virtud de las disposiciones de la Ley 15//2009, se cumplirán los plazos indicados para las reclamaciones por pérdida, avería o retraso, para transporte terrestre por carretera, y la normativa aplicable en transporte marítimo, según sea el caso.*

8. INFORMACIÓN SOBRE PROTECCION DE DATOS

Responsable	Empresa cargadora
Finalidad	Ejecución del acuerdo
Legitimación	Firma del transportista de la ficha de estiba y pacto de estiba y amarre
Destinatarios	Empresas del grupo. Personal con acceso.
Derechos	Acceder, rectificar, suprimir sus datos, entre otros derechos que podrá ver en la información adicional.
Procedencia	Entrega de ficha de estiba firmada, mediante contrato de transporte o anexo al mismo.
Información adicional	Puede consultar información adicional sobre protección de datos en nuestra web.

2. RESPONSABILIDADES DE LAS PARTES.

Acorde a la normativa vigente, así como a los pactos entre las partes se establece el presente cuadro de responsabilidades:

NORMATIVA APLICABLE			Responsabilidad ¿Quién debe realizarlo?	
NORMA	COMENTARIO — QUÉ REGULA	CONDICIONANTE	***	TRANSPORTISTA
EUMOS 40509 / LEY 15 2009 ART 21	EMBALAJE		Ejecución de la operación	Debe inspeccionarse
LEY 15/2009 ART 17	IDONEIDAD DEL VEHÍCULO	El cargador debe dar la información necesaria para definirlo	Contrata e indica necesidades e inspecciona	Ejecución de la operación
LEY 15/2009 ART 20	CARGA Y DISTRIBUCIÓN DEL PESO	Carga	Ejecución de la operación	Debe inspeccionarse
		Distribución de peso		Ejecución de la operación
EN 12195-1	ESTIBA Y AMARRE	PACTO	Contrata e indica necesidades e inspecciona	Ejecución de la operación
		La estiba y el amarre es realizada por el transportista, en función de pacto entre cargador y transportista, por escrito y previo a la efectiva presentación del vehículo.		
EN 12195-2 EN 12195-3 EN 12195-4	CINTAS, CABLES Y CADENAS DE AMARRE	PACTO	 Debe inspeccionarse	Ejecución de la operación
		Las cintas de amarre y otros útiles de estiba (cadenas, cables) son aportados por el transportista, respondiendo éste de su buen estado de conservación y uso.		
EN 12640 EN 12641 EN 12642 EUMOS 40511 ISO 1161 ISO 1496 EN 283	ESTRUCTURA Y REQUISITOS DE LOS VEHÍCULOS	VEHÍCULO PROPIEDAD DEL TRANSPORTISTA	Contrata e indica necesidades e inspecciona	Ejecución de la operación

🔍 Debe inspeccionarse   ✓ Ejecución de la operación

Contrata e indica necesidades e inspecciona

7. CERTIFICADO DE ESTIBA. El responsable de la parte técnica, certifica que los cálculos son correctos y han sido realizados acorde a la Directiva 47/2014 EU y el RD563/2017, así como a la norma EN12195-1:2010 y aplicables.

A/ Parte técnica: Luis Carlos Hernández Barrueco. Comisario de averías, titulado por el Colegio Oficial de la Marina Mercante y EUMOS Expert Member
www.hernandezbarrueco.com
info@seguridadenlascargas.com
Firma:

B/ Reverso legal: Eva María Hernández Ramos. Licenciada en Derecho y EUMOS Expert Member
www.evahernandezramos.es
evheram@gmail.com

Firma Transportista.

Nombre
Apellidos
DNI

Fecha   Hora

Con su firma acepta el cumplimiento de las directrices básicas de la ficha de estiba.

Definición

Es un sistema de verificación y aseguramiento de que los útiles utilizados cumplen las normas técnicas reglamentarias

Existen formularios o plantillas para revisar el estado de los útiles (cintas, cadenas y cables de acero), basados en la normativa de estiba en camión y acorde con la normativa de inspecciones en carretera.

Emisora

La empresa expedidora o la cargadora para uso interno y cumplimiento de su plan de prevención de riesgos laborales.

Reglamentación

- Norma EN 12195-2.
- Norma EN 12195-3.
- Norma EN 12195-4.

Identificación de los útiles homologados necesarios como equipos de transporte y requerimiento EN12195- 2/ 3/ 4

En el Real Decreto 563/2017 se indica, en su Anexo III, que deben cumplirse las siguientes normas:

— EN 12195-2	Cinchas de amarre de fibras sintéticas
— EN 12195-3	Cadenas de amarre
— EN 12195-4	Cables de acero de amarre

Estas normas se refieren a las características que han de tener las cintas de amarre, las cadenas y los cables de acero utilizados. Es necesario que las empresas transportistas, dispongan de un sistema de verificación y aseguramiento de que los útiles empleados cumplen estas normas.

A continuación se expone el cuadro de chequeo que se define en el RD 563/2017 para verificar el cumplimiento de la norma.

Ítem	Punto a evaluar	Variable	Sí	No
Sujeción por fricción	Alcance de las fuerzas de sujeción requeridas	Las fuerzas de sujeción requeridas son inadecuadas		
		Inferiores a dos tercios de la fuerza requerida		
Dispositivos de retención de la carga utilizados	Inadecuación de los dispositivos de retención de la carga			
	Dispositivo totalmente inadecuado			
	Falta la etiqueta (por ejemplo placa/remolque)/está dañada pero el dispositivo funciona adecuadamente			
	Falta la etiqueta (por ejemplo placa/remolque)/está dañada y el dispositivo está muy deteriorado			
	Dispositivos de retención de la carga dañados			
	Dispositivos de retención de carga muy deteriorados y que no son ya apropiados para el uso			
	Tornos de amarre utilizados de forma incorrecta			
	Tornos de amarre defectuosos			
	Uso incorrecto de los dispositivos de retención de la carga (por ejemplo falta de protección de las aristas)			
	Uso defectuoso de los dispositivos de retención de la carga (por ejemplo nudos)			
	Fijación de los dispositivos de retención de la carga inadecuada			
	Inferiores a dos tercios de la fuerza requerida			

Punto a evaluar	Variable	Sí	No
Cintas de amarre	Los útiles cumplen las premisas de la EN12195-2		
Cables de acero	Los útiles cumplen las premisas de la EN12195-3		
Cadenas de acero	Los útiles cumplen las premisas de la EN12195-4		

Definición

La distribución de peso es fundamental para cumplir las normativas de transporte y de estiba, y debe seguirse muy de cerca.

El apartado segundo del Anexo III del RD 563/2017, dedica una gran importancia al cálculo y respeto del peso respecto a la MMA de cada vehículo de transporte.

En cada país se regula de una manera diferente el peso por eje máximo autorizado, en el marco de la legislación europea.

Emisora

Documento de ayuda interna para la empresa que realice la carga del vehículo, distribución del peso y transporte de las mercancías.

Reglamentación

Real Decreto 2822/1998, de 23 de diciembre, por el que se aprueba el Reglamento General de Vehículos.

¿Cómo calcular la carga útil y la MMA en los vehículos de transporte combinado?

La **masa máxima autorizada (MMA)** es el peso total permitido, en toneladas (t), que puede alcanzar un vehículo con la carga y la **unidad de transporte intermodal (UTI)** si la tuviese. La **tara** es el peso en vacío (t) de un vehículo o UTI.

Solución: MMA permitidas en España para vehículos de transporte intermodal (carretera-marítimo o carretera-ferrocarril):

Vehículos de transporte intermodal	MMA (t)	Parte del vehículo o UTI	Descripción	Ejemplo tara (t)	Ejemplo carga útil (t)
	44	Tractora tres ejes	Vehículo motor y semirremolque de tres ejes. Homologado para transporte combinado, y contenedor o caja móvil cerrados, igual o superior a 20'	9	26,1
		Semirremolque tres ejes		6,5	
		Contenedor o caja móvil		2,4	
	44	Tractora tres ejes	Vehículo motor de tres ejes con semirremolque de dos ejes. Homologado para transporte combinado, y contenedor o caja móvil cerrados, igual o superior a 20'	9	27,6
		Semirremolque dos ejes		5	
		Contenedor o caja móvil		2,4	
	42	Tractora dos ejes	Vehículo motor de dos ejes con semirremolque de tres ejes. Homologado para transporte combinado, y contenedor o caja móvil cerrados, igual o superior a 20'	7,5	25,6
		Semirremolque tres ejes		6,5	
		Contenedor o caja móvil		2,4	
	38	Tractora dos ejes	Vehículo motor de dos ejes con semirremolque de dos ejes. Lleva una caja móvil abierta igual o superior a 20' y distancia entre ejes menor a 1,8 m	7,5	23,1
		Semirremolque dos ejes d<1,8m		5	
		Contenedor o caja móvil		2,4	
	36	Tractora dos ejes	Vehículo motor de dos ejes con semirremolque de dos ejes. Lleva una caja móvil abierta igual o superior a 20' y distancia entre ejes mayor a 1,8 m	7,5	21,1
		Semirremolque dos ejes d>1,8 m		5	
		Contenedor o caja móvil		2,4	

Fórmula: La **carga útil** es la carga que puede transportar un vehículo y resulta de calcular la fórmula:

Carga útil = MMA – tara.

Ejemplo: Carga útil = MMA (44 t) – tara tractora (8 t) – tara semirremolque (6 t) – tara contenedor (2,5 t).

Solución: Carga útil = 44 t – (8 + 6 + 2,5) = 27,5 t.

Fuente: Luis Carlos Hernández Barrueco. *Técnicas logísticas para innovar, planificar y gestionar,* editorial Marge Books, 2016, Barcelona.

¿Cómo calcular la carga útil y la MMA en los vehículos de transporte por carretera?

Aunque en cada país existe una normativa diferente, a continuación se propone una fórmula válida para todos los casos. Aquí se hace referencia a la **carga útil total,** sin embargo, puede haber limitación de masa máxima por eje.

Solución: MMA permitidas (en España) para vehículos de transporte (no especial) por carretera:

Vehículos de carga general no intermodal	MMA (t)	Parte del vehículo o UTI	Descripción	Ejemplo tara (t)	Ejemplo carga útil (t)
	18	Rígido dos ejes	Vehículo rígido de dos ejes	5	13
	24	Rígido tres ejes	Vehículo rígido de tres ejes simples sin suspensión neumática	9	15
	25	Rígido tres ejes	Vehículo rígido de tres ejes dobles con suspensión neumática	9	16
	31	Rígido cuatro ejes	Vehículo rígido de cuatro ejes simples sin suspensión neumática	13	18
	32	Rígido cuatro ejes	Vehículo rígido de cuatro ejes con dos direccionales: – Eje motor equipado con neumáticos dobles y suspensión neumática (o equivalente en la UE) – Cada eje motor equipado con neumáticos dobles. La MMA no puede exceder de 9,5 t	13	19
	36	Articulado cuatro ejes	Vehículo motor de dos ejes. Eje motor equipado con ruedas gemelas, suspensión neumática (o equivalente en la UE), semirremolque cuya distancia entre ejes sea superior a 1,8 m. MMA del vehículo motor: 18 t; MMA de un eje tándem del semirremolque: 20 t	12	24
	40	Articulado cinco o más ejes	Vehículo motor pesado con dos o tres ejes. Semirremolque de tres ejes	12	28
	40	Tren de carretera	Vehículo rígido y remolque	16	24

Fórmula: La **carga útil** es la carga que puede transportar un vehículo y resulta de calcular la fórmula:

$$\text{Carga útil} = \text{MMA} - \text{tara.}$$

Ejemplo: MMA = 40 t / tara tractora = 7 t / tara semirremolque = 9 t.

Solución: 40 t − 7 t − 9 t = 24 t.

Fuente: Luis Carlos Hernández Barrueco. *Técnicas logísticas para innovar, planificar y gestionar,* editorial Marge Books, 2016, Barcelona.

15 Cálculo de metros cúbicos útiles en un vehículo de transporte

Definición

Existen fórmulas para calcular los metros cúbicos de mercancía que pueden caber en un vehículo, cumpliendo las normativas legales. Es un cálculo teórico, ya que hay que tener en cuenta las características de la carga (formas irregulares o no remontabilidad, por ejemplo), las normativas en materia de altura, las dimensiones o la masa, el peso por eje o la carga máxima autorizada de cada vehículo.

Como veremos en las tablas siguientes, para conocer el volumen útil de un vehículo cerrado (semirremolque tipo *tautliner*, furgón, isotermo, etc.) el cálculo se realiza multiplicando el largo, ancho y alto. La cantidad de metros cúbicos resultantes sirven para tener un valor de referencia del máximo cubicaje posible.

Para obtener el máximo aprovechamiento podría calcularse el factor de estiba ideal que debería tener una mercancía para completar la totalidad de los espacios de carga del vehículo. Podría ser este:

$$Fei = \frac{Vtc}{Cu}$$

Donde:

— Fei: Factor de estiba ideal.
— Vtc: Volumen total de los espacios de carga.
— CU: Carga útil del vehículo.

Emisora

Lo proporciona habitualmente la empresa transportista, si bien puede solicitarlo y calcularlo la cargadora.

Receptora

La empresa cargadora efectiva, habitualmente.

Reglamentación

- Reglamento General de Vehículos (RD 2822/1998, de 23 de diciembre, por el que se aprueba el Reglamento General de Vehículos).

- Reglamento General de Circulación (RD 1428/2003, de 21 de noviembre, por el que se aprueba el Reglamento General de Circulación para la aplicación y desarrollo del texto articulado de la Ley sobre tráfico, circulación de vehículos a motor y seguridad vial, aprobado por el RD 339/1990, de 2 de marzo).
- Ley 16/1987, de 30 de julio, de Ordenación de los Transportes Terrestres y posteriores modificaciones (LOTT).
- Real Decreto 70/2019, de 15 de febrero, por el que se modifican el Reglamento de la Ley de Ordenación de los Transportes Terrestres y otras normas en relación con los transportes por carretera (ROTT).

¿Cuántos metros cúbicos útiles tiene un camión?

Para calcular la capacidad (m³) de un vehículo de transporte de carga es necesario multiplicar el **largo, ancho** y **alto** del interior de la zona de carga. No obstante, siempre hay que tener en cuenta la normativa de carga y tránsito de cada país.

Solución:

| Cálculo del volumen útil (m³)[1] | | Ejemplo | | | | |
| | | | Interior zona carga | | | |
Vehículo de carga general no intermodal	Descripción	Exterior vehículo	Largo	Ancho	Alto	m³
	Vehículo rígido de dos ejes	12 × 4 × 2,5	6,5	2,48	2,6	42
	Vehículo rígido de tres ejes	12 × 4 × 2,5	8,6	2,48	2,7	58
	Vehículo rígido de cuatro ejes	12 × 4 × 2,5	9,5	2,48	2,7	64
	Vehículo motor de dos ejes y semirremolque de dos ejes	16,5 × 4 × 2,5	13,65	2,48	2,7	91
	Camión con lona (tarpaulin tráiler). Vehículo motor pesado con dos o tres ejes y semirremolque de tres ejes de rueda 80	16,5 × 4 × 2,5	13,65	2,48	2,7	91
	Tráiler tautliner (semimega). Vehículo motor pesado con dos o tres ejes y semirremolque de tres ejes de rueda 70	16,5 × 4 × 2,5	13,65	2,48	2,9	98
	Tráiler megatautliner. Vehículo motor pesado con dos o tres ejes y semirremolque de tres ejes de rueda 60	16,5 × 4 × 2,5	13,65	2,48	3	102
	Vehículo rígido y remolque	18,75 × 4 × 2,5	16,5	2,48	3	123

Fórmula: Volumen útil:

$$V = \text{largo} \times \text{ancho} \times \text{alto}.$$

Ejemplo: V = largo (13,6) × ancho (2,48) × alto (3).

Solución: V = 13,6 × 2,48 × 3 = 102,55 m³.

[1] Capacidades (m³) máximas permitidas de los diferentes tipos de camiones en España. No se incluyen aquí transportes especiales, ni megacamiones de 60 t de MMA.
No siempre se aprovechan las dimensiones máximas. Son comunes vehículos más pequeños, como camiones rígidos, por ejemplo.

Fuente: Luis Carlos Hernández Barrueco. *Técnicas logísticas para innovar, planificar y gestionar,* editorial Marge Books, 2016, Barcelona.

¿Cuántos metros cúbicos útiles tiene una furgoneta?

La gran variedad que existe de furgonetas se puede clasificar en las cinco familias que se indican en la tabla. El volumen útil es el resultado de multiplicar el **largo, ancho** y **alto** del interior. Aquí se presenta un ejemplo orientativo, pero el interior de las furgonetas suele presentar alguna irregularidad a la altura de las ruedas traseras; por lo tanto, habría que calcular el volumen general y luego restar el que ocupan parte de las ruedas (habitualmente es de 0,5 m³).

Ejemplo:

| Cálculo del volumen útil (m³) | | Ejemplo | | | | | | |
| | | Exterior vehículo | | | Interior zona carga | | | |
Tamaños orientativos de furgonetas	Descripción	Largo	Ancho	Alto	Largo	Ancho	Alto	m³
	Furgoneta pequeña	3,86	1,72	1,72	1,52	1,46	1,06	2,4
	Furgoneta monovolumen	4,6	1,7	1,89	2,3	1,63	1,28	4,8
	Furgón corto elevado	5,54	2,47	2,5	3,08	1,76	1,89	10,2
	Furgón largo elevado	6,94	1,93	2,7	4,3	1,78	1,94	14,8
	Furgoneta carrozada grande	5,5	2,4	3,2	4,5	2,1	2,12	20,0

Fuente: Luis Carlos Hernández Barrueco. *Técnicas logísticas para innovar, planificar y gestionar,* editorial Marge Books, 2016, Barcelona.

Definición

La manipulación de la mercancía y la planificación de la carga del vehículo de transporte forman parte del proceso de preestiba de la carga y se deben realizar cuidando el máximo detalle.

El procedimiento interno de calidad se elabora con el fin de especificar y facilitar los procesos de manipulación, embalaje y flejado de la mercancía al personal de almacén, así como aportar instrucciones a dicho personal y a los clientes sobre cómo desestibar, descargar o desembalar una carga.

Una gran parte de las reclamaciones por defectos en la entrega de las mercancías provienen de una manipulación defectuosa en destino, al no conocerse en el almacén receptor las características de una carga. La definición del procedimiento interno de calidad sirve de base para la elaboración de videos y folletos, procesos de formación e incluso para confeccionar fichas de descarga o desestiba.

Emisora

La empresa cargadora.

Receptora

El personal de almacén y los clientes/receptores de la mercancía en destino. También se puede entregar a la empresa transportista junto con otras normas de seguridad cuando se le haya contratado la carga y manipulación de la mercancía.

Reglamentación

- Código Civil, artículos 1902 y ss.
- Ley 15/2009, del Contrato de Transporte Terrestre de Mercancías, artículo 21.
- Norma ISO 780:1990, la cual regula una serie de pictogramas o símbolos que ayudan a transmitir prescripciones de manipulación con el fin de entender, independientemente del lenguaje escrito, el modo de preservar el contenido de una carga.
- Norma ISO 7000, que especifica los diferentes tipos de marcado y rotulado de los bultos (mediante códigos, etiquetas o caligrafía manual, por ejemplo) para facilitar su manejo en el momento de ser monitoreados.
- Convención de Viena de 1980. Solamente aplica a operaciones internacionales, no siendo de aplicación en operativas internas, siempre y cuando el país

de una de las partes firmantes haya ratificado el Convención (como es el caso de España).

- Sentencia del Tribunal Supremo 382/2015, de 9 de julio de 2015. Resumen: Declara la responsabilidad del transportista, sin limitación de responsabilidad (art. 62 de la Ley 15/2009, de 11 de noviembre, del Contrato de Transporte Terrestre de Mercancías), por incumplir las instrucciones sobre manejo y advertencia del embalaje de la mercancía o el proceso de calidad.
- Sentencias del Tribunal Supremo 440/1997, de 23 de mayo, 288/2012, de 10 de mayo, y 381/2001, de 19 de abril) que declaran que, salvo pacto en contrario, corresponde a la empresa cargadora la preparación y acondicionamiento de las mercancías a bordo del vehículo, siendo esta responsable de los daños ocasionados como consecuencia de tales operaciones.

<table>
<tr><td colspan="2">Modelo de procedimiento interno de calidad</td><td>Código: XXXX
Revisión: XX/ A
Fecha:
Página: 1 de 3</td></tr>
<tr><td colspan="2">Título</td><td></td></tr>
</table>

Título

Elaborado por	Revisado por	Aprobado por
Nombre	Nombre	Nombre
Cargo	Cargo	Cargo
Fecha	Fecha	Fecha

<table>
<tr><td colspan="2">Modelo de procedimiento interno de calidad</td><td>Código: XXXX
Revisión: XX/ A
Fecha:
Página: 2 de 3</td></tr>
<tr><td colspan="2">Título</td><td></td></tr>
</table>

Índice

1 Objeto

2 Alcance

3 Metodología

3.1 Normativa aplicable

3.2 Desarrollo 1: medios necesarios

3.3 Desarrollo 2: pasos de ejecución

3.4 Desarrollo 3: finalización y aspectos documentales

4 Matriz de cambios

<table>
<tr><td colspan="2">Modelo de procedimiento interno de calidad</td><td>Código: XXXX
Revisión: XX/ A
Fecha:
Página: 3 de 3</td></tr>
<tr><td>Título</td><td></td><td></td></tr>
</table>

1 Objeto

Este procedimiento tiene por objeto...

2 Alcance

El presente procedimiento es aplicable a:

(Describir operativas)

(Describir lugares)

(Describir ámbito organizativo; toda la empresa, departamentos, etc.)

3 Metodología

Se deberán seguir las instrucciones marcadas en la instrucción técnica de prevención de riesgos laborales "PRL-XXX", así como....

3.1 Normativa aplicable

XXXX

3.2 Desarrollo 1: medios necesarios

XXX

3.3 Desarrollo 2: pasos de ejecución

XXX

3.4 Desarrollo 3: finalización y aspectos documentales

XXX

4 Matriz de cambios

Revisión	Fecha	Motivo
XX	DD/MM/AA	Descripción

17 Procedimiento interno de prevención de riesgos laborales

Definición

Documento que establece el proceso de cumplimiento del plan de prevención de riesgos laborales para cada actividad de carga o manipulación de mercancías.

Emisora

Lo elabora la empresa titular del centro de trabajo donde van a tener lugar las actividades de carga y manipulación de mercancías, ya sea por personal propio o subcontratado.

Destinataria

Personal del centro de trabajo u otro personal concurrente.

Reglamentación

Prevención de riesgos laborales

- Ley 31/1995, de 8 de noviembre, de Prevención de Riesgos Laborales.
- Ley 54/2003, de 12 de diciembre, de Reforma del marco normativo de la prevención de riesgos laborales.
- Real Decreto Legislativo 1/1995, de 24 de marzo, por el que se aprueba el texto refundido de la Ley del Estatuto de los Trabajadores.
- Real Decreto 39/1997, de 17 de enero, por el que se aprueba el Reglamento de los servicios de prevención.

Trabajador autónomo

- Ley 20/2007, de 11 de julio, del Estatuto del trabajo autónomo.
- Real Decreto 197/2009, de 23 de febrero, por el que se desarrolla el Estatuto del trabajo autónomo.

Empresas de trabajo temporal

- Ley 14/1994, de 1 de junio, por la que se regulan las Empresas de trabajo temporal.
- Real Decreto 216/1999, de 5 de febrero, sobre Disposiciones mínimas de seguridad y salud en el trabajo en el ámbito de las empresas de trabajo temporal.

Coordinación de actividades empresariales

- Real Decreto 171/2004, de 30 de enero, por el que se desarrolla el artículo 24 de la Ley 31/1995, de 8 de noviembre, de Prevención de riesgos laborales, en materia de coordinación de actividades empresariales.

Sanciones

- Real Decreto Legislativo 1/1994, de 20 de junio, por el que se aprueba el Texto Refundido de la Ley General de la Seguridad Social.
- Real Decreto Legislativo 5/2000, de 4 de agosto, por el que se aprueba el texto refundido de la Ley sobre Infracciones y Sanciones en el Orden Social (LISOS).

Modelo de procedimiento de PRL	Código: XXXX Revisión: XX/ A
Título	Fecha: Página: 1 de 1

Objeto

Puestos laborales

Normativa aplicable

Equipos de protección individual (EPI)

EPI necesarios antes de iniciar:		**Epis requeridos durante las labores:**	

Permisos o autorizaciones

Descripción de la tarea

A) Antes, durante y al finalizar la actividad

Anotaciones:

18 Acuerdo de prestación servicios de transportista

Definición

Documento para pactar con la empresa transportista los métodos y procesos necesarios para cumplir lo dispuesto en el RD 171/2004, de 30 de enero, por el que se desarrolla el artículo 24 de la Ley 31/1995, de 8 de noviembre, de Prevención de Riesgos Laborales, en materia de coordinación de actividades empresariales.

Emisora

La empresa titular y principal del centro de trabajo donde concurren transportistas que realizan labores de carga o estiba y amarre de las cargas.

Reglamentación

- Ley 31/1995, de 8 de noviembre, de Prevención de Riesgos Laborales.
- Ley 54/2003, de 12 de diciembre, de Reforma del marco normativo de la prevención de riesgos laborales.
- Real Decreto 171/2004, de 30 de enero, por el que se desarrolla el artículo 24 de la Ley 31/1995, de 8 de noviembre, de Prevención de Riesgos Laborales, en materia de coordinación de actividades empresariales.

Modelo de acuerdo de prestación servicios de transportista	Código: XXXX Revisión: XX/ A Fecha: Página: 1 de 3
Título	

La prestación de servicios de transporte por parte de la empresa transportista, y más concretamente las operaciones de carga y descarga por parte de los transportistas enviados por su cuenta en las instalaciones de la XXX (empresa contratante), estará sujeta a las siguientes condiciones:

1. La empresa transportista externa cumplirá las disposiciones legales que le aplican en materia laboral y de seguridad laboral y vial (tanto referente a los camiones utilizados como al personal al que se recurra para hacer estas operaciones), y asimismo exigirá y vigilará dicho cumplimiento por parte de las demás empresas o transportistas autónomos a los que recurra para realizar las actividades contratadas con XXX.

2. La empresa transportista externa certifica que ha recibido y comprendido el contenido de las normas de seguridad y las fichas de estiba para transportistas externos, de obligado cumplimiento para todo el personal transportista que realice operaciones de tránsito, estancia, carga y descarga en nuestras instalaciones, aceptando su contenido.

3. La empresa transportista externa está obligada y se compromete a trasladar el contenido de las normas de seguridad citadas y las fichas de estiba a los transportistas que accedan a nuestras instalaciones, ya sean personal propio o de empresas externas o profesionales autónomos a los que se recurra, obligándose con carácter contractual a velar por su cumplimiento, y pudiendo exigirse las responsabilidades oportunas e incluso ser motivo de rescisión de contrato en caso de su no observación.

4. La Propiedad se reserva el derecho de imponer en su caso la prohibición de entrada a los transportistas que mantengan una conducta contraria a las normas e instrucciones establecidas y notificadas, e incluso la retirada o suspensión de la homologación interna como empresa transportista externa para trabajar con XXX por tiempo indeterminado.

5. La empresa transportista externa informará a la planta de las empresas externas a las que subcontrate para la realización de trabajos en nuestra planta.

6. La empresa transportista externa deberá asegurarse de que sus transportistas disponen en el camión de un chaleco fluorescente

<table>
<tr><td colspan="2">Modelo de acuerdo de prestación servicios de transportista</td></tr>
<tr><td>Título</td><td>Código: XXXX
Revisión: XX/ A
Fecha:
Página: 2 de 3</td></tr>
</table>

y calzado de seguridad para usar en caso de bajarse del mismo durante su estancia en la planta.

Ese equipamiento será exigible a su vez a los profesionales autónomos y las empresas externas a las que se recurra, por lo que esta obligación deberá serles trasladada convenientemente. El coste de los equipos cedidos por planta serán repercutidos.

7. La señalización existente en los accesos a la planta es vinculante, tanto en lo que se refiere a las normas a tener en cuenta como a los equipos de protección exigibles.

8. La empresa transportista externa se responsabiliza de asegurar el perfecto estado tanto exterior como interior que presentan los camiones que accedan a nuestra planta por su cuenta, contando con un número de amarres suficiente.

9. Los transportistas que accedan a planta deberán colaborar con el personal de la planta e informar de todos los datos necesarios y suficientes acerca de los equipamientos de que va provisto cada camión, y aquellos otros aspectos a tener en cuenta acerca del mismo que tengan repercusión sobre la seguridad de la carga y de las personas.

10. La empresa transportista externa será responsable de los accidentes que puedan ocurrir por su causa a su personal, al de XXX o a terceras personas, y de cuantos desperfectos e incumplimientos de normas puedan producirse en las dependencias o instalaciones de XXX con ocasión o como consecuencia de los servicios encomendados, así como del inadecuado estibado de las cargas, pudiendo pedirse responsabilidades por ello.

11. La empresa transportista externa deberá disponer de un seguro de responsabilidad civil que cubra las posibles contingencias y con garantías adecuadas, aportando copias de la anualidad en curso y del recibo de la prima debidamente liquidado a la compañía aseguradora si se le requiriera.

12. La empresa transportista externa designará a un representante, que actuará como interlocutor ante XXX y responsable ante esta de la ejecución y coordinación de los trabajos, del cumplimiento de este acuerdo, y de todas las medidas preventivas necesarias para cada actividad encomendada.

13. Antes del inicio de los trabajos la empresa transportista externa aportará

<table>
<tr><td>Modelo de acuerdo de prestación servicios de transportista

Título</td><td>Código: XXXX
Revisión: XX/ A
Fecha:
Página: 3 de 3</td></tr>
</table>

a XXX firmado y sellado el presente acuerdo. Su no aportación podrá comportar la no satisfacción del importe total de las facturas relaciona-das con los trabajos. Así pues, los diferentes pedidos con XXX no ostentarán su plena validez hasta la aportación de la documentación requerida.

Nombre:

Fecha:

Firma:

Sello:

19 Comunicación para la coordinación de actividades empresariales

Definición

Es un documento escrito que perfecciona la relación entre la empresa titular/principal y sus proveedoras.

Cuando concurren empresas transportistas en el centro de trabajo, se debe regular el régimen de derechos y obligaciones de las partes y establecer las funciones y deberes a realizar por cada uno de ellas.

En cada una de las fases de la coordinación de riesgos laborales, se deben tener en cuenta una serie de acciones: la contratación del transporte, la planificación de la actividad preventiva y el cooperar en el intercambio de información y documentación.

Este es uno de los documentos básicos de la fase de planificación (fase I), el cual iría acompañado por otro tipo de información:

Documentación a entregar a la empresa transportista

Deber de información de las empresas concurrentes (arts. 4.2 y 4.3 del RD 171/2004)		
Contenido	**Momento**	**Forma**
Todos los riesgos de su actividad que puedan afectar a las otras empresas, particularmente los que puedan verse agravados o modificados por circunstancias derivadas de la concurrencia de actividades	Antes del inicio de las actividades	Obligatoriamente por escrito cuando se trate de riesgos graves o muy graves
Instrucciones sobre medidas de prevención de riesgos y de emergencia cuando el personal de la empresa titular desarrolle actividades en el centro de trabajo concurrente. Se recomienda establecer un medio de control periódico del cumplimiento de dichas instrucciones	Cuando se produzca un cambio relevante en las actividades concurrentes	
Accidentes	Cuando proceda y de manera inmediata	–
Emergencias		
Estiba (fichas de estiba de la mercancía o fichas de descarga)	Junto al contrato o la orden de carga	Por escrito, de forma expresa y previa a la presentación del vehículo
Acuerdo de coordinación de actividades empresariales	Junto al contrato	Por escrito, de forma expresa y previa a la presentación del vehículo

Emisora

El acuerdo de coordinación lo redacta la empresa titular/principal del centro de trabajo. Donde se vayan a realizar las labores de carga y estiba de la mercancía.

Receptora

La empresa transportista o profesional autónomo.

Reglamentación

- Ley 31/1995, de 8 de noviembre, de Prevención de Riesgos Laborales.
- Ley 54/2003, de 12 de diciembre, de Reforma del marco normativo de la prevención de riesgos laborales.
- Real Decreto 1/1995, de 24 de marzo, por el que se aprueba el texto refundido de la Ley del Estatuto de los Trabajadores.
- Real Decreto 39/1997, de 17 de enero, por el que se aprueba el Reglamento de los Servicios de Prevención.
- Real Decreto 171/2004, de 30 de enero, por el que se desarrolla el artículo 24 de la Ley 31/1995, de 8 de noviembre, de Prevención de Riesgos Laborales, en materia de coordinación de actividades empresariales.

<table>
<tr><td rowspan="2">Modelo de comunicación procedimiento de coordinación de actividades empresariales</td><td>Código: XXXX
Revisión: XX/ A
Fecha:
Página: 1 de 4</td></tr>
<tr><td>Título</td></tr>
</table>

Apreciados,

Mediante la presente, en su calidad de empresa proveedora y en relación al cumplimiento de la realización de la coordinación de actividades empresariales (CAE) que indica la Ley 31/1995, de Prevención de Riesgos Laborales, y el Real Decreto 171/2004 que desarrolla el artículo 24 de la citada Ley, procedemos a trasladarle la siguiente documentación:

- Política de seguridad de nuestra empresa.
- Riesgos y medidas preventivas en el centro de trabajo.
- Medidas de emergencia del centro de trabajo.
- Información, uso y medidas preventivas de equipos de trabajo.
- Procedimientos de coordinación de actividad empresariales.
- Información sobre las obligaciones en materia de seguridad que deben cumplir la contratas (comunicación de accidentes e incidentes, análisis de riesgos, inspecciones, formación y habilitaciones, reuniones, etc.), sin perjuicio de las obligaciones legales.

Toda la documentación adjunta es de obligado cumplimiento, debiendo comunicarnos la documentación detallada en los siguientes anexos.

Atentamente,

Firma
Nombre
Cargo

En ___________, a___, de___________ de 20__

<table>
<tr><td colspan="2">Modelo de comunicación procedimiento de coordinación de actividades empresariales

Título</td><td>Código: XXXX
Revisión: XX/ A
Fecha:
Página: 2 de 4</td></tr>
</table>

Documentación a aportar por la empresa proveedora (* obligatoria)	
Por la empresa	**Profesional autónomo**
*Documento coordinación de actividades rellenado y firmado	*Documento coordinación de actividades rellenado y firmado
*Documento TC2 de cotización a la Seguridad Social	*Recibo autónomo (el último y hasta la finalización del trabajo)
*Certificado corriente Seguridad Social	**Obras de construcción**
*Último recibo del seguro de responsabilidad civil y póliza asociada	*Antes de los trabajos (contrata principal):
*Contrato con servicio de prevención con las especialidades contratadas	• Plan de seguridad y salud, y acta de aprobación del mismo por la persona responsable de coordinar la seguridad
*Evaluación riesgos de la actividad	• Apertura del centro de trabajo
En el caso de indicar recurso preventivo, adjuntar formación del trabajador	• Libro de contratación de personal • Libro de visitas
Maquinaria	• Listado de personal
*Relación de maquinaria y equipos de trabajo propios	• Adhesión al plan de seguridad de todas las subcontratas
Relación de maquinaria y equipos de trabajo cedidos	
Por la persona contratada	*Documentación de empresa (contrata principal y subcontratas):
*Certificado de información, firmado por cada persona, sobre los riesgos y las medidas preventivas, de sus labores de carga y estiba	• Seguro de convenio • Documentación maquinaria • Nombramiento responsable de seguridad a pie de obra
*Registro de entrega al personal de la contrata de la información proporcionada sobre los riesgos del centro de trabajo	• Listado de personal • Acreditación del Registro de Empresas Acreditadas (REA)
*Copia de los certificados de formación (manejo de grúas, carretillas elevadoras o plataformas elevadoras)	• Autorización de uso de los equipos de trabajo
*Registro de entrega de elementos de protección personal (EPI)	• Formación acorde al V Convenio de la Construcción
*Certificados de aptitud médica o renuncias	

NOTA

En caso de que no se cumpla alguno de estos requisitos, procederemos a paralizar la actividad si se considera que existe un riesgo para la seguridad y salud de los trabajadores.

Deberán hacernos llegar la documentación en el plazo improrrogable de cinco días laborales, antes de la entrada en nuestras instalaciones.

En el supuesto de que se subcontraten los trabajos (por ejemplo, subcontrata de conductores), la empresa principal recopilará la documentación necesaria y la remitirá a nuestras oficinas.

<table>
<tr><td colspan="2">Modelo de comunicación procedimiento de coordinación de actividades empresariales</td><td>Código: XXXX
Revisión: XX/ A
Fecha:
Página: 3 de 4</td></tr>
<tr><td colspan="2">Título</td><td></td></tr>
</table>

Sr./Sra. ___________________________, en nombre y representación de la empresa ___________________________, con DNI ______________ y domicilio en ___________________________,

DECLARA

1. Conoce, ha recibido y se compromete a cumplir y hacer que se cumplan por parte del personal a su cargo las siguientes normas:

   a) La información de seguridad facilitada por la empresa.
   b) Todas las disposiciones legales sobre seguridad y salud laboral en vigor o que se puedan desarrollar en un futuro, en especial las que desarrolla la Ley 31/1995 de Prevención de Riesgos Laborales (LPRL).
   c) Las fichas de estiba y las instrucciones de carga y estiba del material.

2. La empresa le ha informado sobre:

   a) Riesgos generales del centro de trabajo.
   b) Riesgos derivados de la utilización de equipos, productos y útiles proporcionados por ella (en su caso) y medidas de prevención y protección a aplicar para evitar la materialización de dichos riesgos.
   c) Medidas de emergencia.
   d) La prohibición de tomar fotografías o realizar filmaciones sin autorización.

3. Cumple con los deberes de formación e información del personal a su cargo, así como los requisitos sobre vigilancia de la salud establecidos en la legislación vigente.
4. Su personal dispone de los equipos de protección individual (EPI) que sean necesarios.

Asimismo, se compromete a:

1. Trasladar las informaciones, a las que se hace referencia en el punto 2, y las de las fichas de estiba a todo su personal y conductores empleados.

<table>
<tr><td rowspan="2">Modelo de comunicación procedimiento de coordinación de actividades empresariales

Título</td><td>Código: XXXX
Revisión: XX/ A
Fecha:
Página: 4 de 4</td></tr>
</table>

2. Cumplir las normas generales y específicas de prevención.
3. Utilizar los equipos de trabajo y útiles de sujeción de carga en buen estado, con etiqueta legible y homologados, así como los equipos de protección individual que se le indiquen.
4. Emplear personal que disponga de la aptitud y formación adecuadas para el desempeño de las tareas encomendadas y, en cualquier caso, las exigida por la legislación vigente.
5. Cooperar con el personal de la empresa en las tareas preventivas, en particular en caso de una emergencia.
6. Comunicar a la empresa todos los accidentes e incidentes que se produzcan entre su personal.
7. No desvelar a terceros datos ni información de los procesos tecnológicos, gestión de sistemas de seguridad u otras materias sensibles.
8. Informar en el caso de realizar trabajos especiales.
9. Utilizar vehículos adaptados, homologados y en buen estado de conservación, cumpliendo lo previsto en el Real Decreto 563/2017.

Firma
Nombre
Cargo
Sello de la empresa

En ___________, a____, de___________ de 20___

20 Procedimiento interno de vigilancia de estiba y amarre

Definición

Este documento describe cómo y quién desarrollará dentro de la empresa la inspección periódica del cumplimiento de los compromisos de las empresas transportista, en cuanto a la sujeción de la carga.

Emisora

La empresa titular y principal del centro de trabajo donde concurren transportistas que realizan labores de carga o estiba y amarre de las cargas.

Destinataria

Personal interno de la empresa que realicen las funciones de vigilancia y ayuda en muelle de carga.

Reglamentación

- Ley 31/1995, de 8 de noviembre, de Prevención de Riesgos Laborales.
- Ley 54/2003, de 12 de diciembre, de Reforma del marco normativo de la prevención de riesgos laborales.
- Real Decreto 171/2004, de 30 de enero, por el que se desarrolla el artículo 24 de la Ley 31/1995, de 8 de noviembre, de Prevención de Riesgos Laborales, en materia de coordinación de actividades empresariales.
- Real Decreto de 24 de julio de 1889, texto de la edición del Código Civil.
- Real Decreto 563/2017, de 2 de junio, por el que se regulan las inspecciones técnicas en carretera de vehículos comerciales que circulan en territorio español.
- Directiva 2014/47/UE, del Parlamento Europeo y del Consejo, de 3 de abril de 2014, relativa a las inspecciones técnicas en carretera de vehículos comerciales que circulan en la Unión Europea.
- Recomendación 2010/379/UE, de la Comisión, de 5 de julio de 2010, sobre la evaluación de riesgo de las deficiencias detectadas durante las inspecciones técnicas en carretera de los vehículos industriales de conformidad con la Directiva 2000/30/CE, del Parlamento Europeo y del Consejo.

Procedimiento interno de vigilancia de la estiba y el amarre	Rev. 1 (Fecha)

Autoría	Aprobado por	Comprobado por

Control de las revisiones

N.º	Fecha	Código	Naturaleza del cambio
1			Adaptación al RD 563/2017

1 Objeto

Este documento describe cómo y quién desarrollará dentro de la empresa la inspección periódica del cumplimiento de los compromisos de las empresas transportistas en cuanto a la sujeción de la carga.

2 Alcance

Esta instrucción afecta a las inspecciones que verifican que las empresas transportistas realizan una adecuada sujeción de la carga y que los útiles empleados son adecuados, están homologados para este uso y no presentan deficiencias.

El número de inspecciones periódicas alcanzará a todas las empresas que realizán el servicio de transporte. En el caso de que se detectase una reiteración en los incumplimientos por parte de una misma empresa transportista, se incrementaría el número de camiones a inspeccionar y, finalmente, de no remitir dichos incumplimientos podría suponer la resolución del contrato de servicio.

3 Referencias

- RD 563/2017:
  Regulación de las inspecciones técnicas en carretera de vehículos comerciales que circulan en territorio español.

  Gestión de no conformidades y acciones correctivas.

- UNE – EN 12195:
  Dispositivos para la sujeción de la carga en vehículos de carretera.

- Norma interna:

  – Circulación de vehículos en patios de carga.
  – Cuadro de deficiencias.
  – Ficha de estiba modelo.

4 Definiciones

Amarre. Es el método de sujeción de la carga sobre el vehículo de transporte por los medios adecuados para inmovilizarla, evitando su deslizamiento, balanceo, vuelco y vibraciones causadas por las fuerzas G.

Cinchas o cintas de amarre. Son elementos homologados de sujeción (UNE-EN 12195) que se colocan por medio de una de las técnicas reglamentariamente reconocidas, con el fin de evitar que la carga se incline o se deslice. Están fabricadas en fibras sintéticas (poliéster, poliamida, etc.) y disponen de un dispositivo tensor. Las cintas de amarre deberán estar en buen estado de conservación, debiendo ser retiradas conforme lo estipulado en la norma EN12195-2, y tener la etiqueta visible y legible.

Carga. Conjunto de mercancía que se apila y se sujeta sobre el vehículo.

Cantonera. Pieza rígida con forma de ángulo de 90º, de material resistente a los cantos vivos, dotada de retenedores laterales que evitan que la *cinta de amarre* se pueda deslizar lateralmente. Conforme a la *Guia Europea de Mejores Prácticas sobre sujeción de cargas para el transporte de carreteras,* es prferible que no sean de metal por tratarse de un material peligroso al ser cortante, y se recomienda cantonera Jumbo con interior curvado.

Dispositivo de amarre. Dispositivo flexible que se utiliza para la fijación de la carga de un vehículo y que debe estar homologado según la norma UNE-EN 12195.

Ficha de estiba. Documento donde se recogen las directrices mínimas de seguridad para realizar una adecuada estiba según el RD 563/2017, ya sea la ficha de estiba divulgada por la compañía a sus empresas transportistas o aquellas fichas facilitadas por los propios departamentos técnicos de los transportistas. Debe estar avalada por un comisario de averías, como el modelo que se adjunta como Anexo I a la presente Instrucción.

Cuadro de deficiencias. Documento que se adjunta como Anexo II a la presente Instrucción, donde se recoge los tipos de defectos en el amarre y la evaluación de la gravedad (leve, grave o peligrosa) en función de la naturaleza de la carga:

- *Deficiencia leve.* La carga está sujeta correctamente, pero cabría formular una recomendación en materia de seguridad.

- *Deficiencia grave.* La carga no ha sido sujetada suficientemente y cabe la posibilidad de un desplazamiento o vuelco significativo de la carga o de partes de la misma.

- *Deficiencia peligrosa.* La carga o parte de ella presenta un riesgo especialmente grave o inminente de caída desde el vehículo al exterior, ya sea por un peligro derivado de la propia carga o por la puesta en peligro de personas, materiales, vehículo o elementos de transporte.

Alfombras antideslizantes. Material utilizado para incrementar el rozamiento de la carga, siendo necesario su certificación del factor de rozamiento según la norma UNE-EN 12195-1.

5 Operación carga y amarre
5.1 Carga de mercancía
La colocación de la mercancía sobre la plataforma del remolque se hará por personal propio o subcontratado por la empresa mediante carretillas siguiendo las instrucciones del conductor, según su experiencia y conocimiento en el transporte, tal y como está acordado por contrato. De tal forma que el conductor colocará los elementos de apoyo y antideslizantes (tablones de madera, tapetes antideslizantes, etc.) en la plataforma del remolque. Estos elementos deben de coincidir con los indicados en la ficha de estiba.

En todo momento el conductor seguirá las indicaciones recogidas en la instrucción interna sobre la circulación de vehículos.

La carretilla dejará la carga en la plataforma del remolque sobre los elementos de apoyo y antideslizantes (según la norma UNE-EN 12195-1) que habrán sido colocados previamente por el conductor.

Si el manejo de las carretillas para realizar la carga se realiza por personal subcontratado, se deberá aportar instrucciones para su manejo y formación para su utilización, debiendo acreditar el personal el cumoplimiento de todo ello.

5.2 Amarre de la mercancía
El amarre de la carga lo realizará el propio conductor del vehículo, en virtud de pacto de estiba y amarre escrito, expreso y previo a la presentación del vehículo con la empresa cargadora, usando sus dispositivos de amarre (cintas de amarre, dispositivo tensor, etc.) y auxiliares (cantoneras, tapetes antideslizantes, etc.) acordes con la norma UNE-EN 12195-1 y con la fuerza de tensión adecuada según el RD 563/2017. El estado y la idoneidad de estos elementos auxiliares es responsabilidad del propio conductor.

Asimismo, el conductor será responsable de verificar la tensión de las cintas de amarre durante el transporte. Por lo que se recomienda que durante los primeros 30-60 minutos se verifique la misma, y después, antes de cada descanso de tacógrafo. La empresa quedará exonerada de responsabilidad respecto a los daños y perjuicios derivados de la falta de verificación de la tensión de las cintas de amarre conforme se establece en la norma UNE EN 12195-1:2011.

6. Inspección
6.1 Inspección periódica
Se realizarán inspecciones diarias a distintas empresas transportistas, el Departamento de Transporte será quien determine y envíe a Patio de Expedición el número total de vehículos y empresas transportistas a las que se realizará la inspección.

Tras la finalización de la estiba y el amarre de la carga, la persona que actue como coordinador de expediciones verificará que se ha realizado conforme la ficha de estiba, y durante la semana realizará una inspección consistente en una evaluación visual profunda de los apartados recogidos en la ficha de estiba y el cuadro de deficiencias; compartiendo con el Departamento de Transporte la información recogida en el cuadro de deficiencias completado por cada camión inspeccionado.

La verificación de la estiba comenzará antes del inicio de la carga. Una vez el camión esté preparado para la carga el conductor presentará para inspección los dispositivos de amarre y sujeción y útiles recomendados en la ficha de estiba modelo. Siendo adecuados se completará la inspección tras el atado en la zona de amarre; o en su defecto el vehículo no se cargará, evitando la operación de descarga, maniobras y tiempos adicionales.

Si el coordinador de expediciones observara en un mismo vehículo varias deficiencias dentro de más de una de las categorías de deficiencias, se clasificará en la categoría correspondiente a la deficiencia más grave.

En caso de detectarse deficiencias el coordinador de expediciones actuará de la siguiente manera:

- ***Deficiencias leves:*** solicitará al conductor que lo solucione y de no ser posible las anotará en la carta de porte y autorizará la salida del camión.
- ***Deficiencias graves:*** solicitará al conductor que se solucionen antes de autorizar la salida del camión. Si no se resuelven, informará al Departamento de Transportes para

que, conjuntamente y en función de si las deficiencias suponen un riesgo inmediato y directo para la seguridad vial, se proceda a la descarga de la carga del camión.
- ***Deficiencias peligrosas:*** solicitará al conductor que se solucionen antes de autorizar la salida del camión. Si no se resuelven, se procederá a la descarga de la carga del camión.

El Departamento de Transportes solicitará la resolución de las deficiencias a la empresa transportista y en los casos de reiteración de deficiencia peligrosa tramitará una no conformidad, siguiendo el protocolo interno.

Dentro de la Inspección periódica, se procederá, entre otros, a la Inspección de elementos auxiliares de amarre.

En caso de detectarse discrepancias entre los dispositivos de amarre que trae el vehículo y los que indica la ficha de estiba, el coordinador de expediciones actuará:

a) Si el número de cintas de amarre es inferior al requerido en la ficha de estiba, pero no inferior a dos tercios del requerido, se informará al conductor y se le solicitará que coloque el número adecuado. Si el conductor no accede, el coordinador de expediciones registrará en la carta de porte la situación, indicando "sujeción inadecuada de los dispositivos de amarre" y autorizará la salida del camión.

b) Si el número de cintas de amarre es inferior a dos tercios del requerido en la ficha de estiba, se informará al conductor y se le solicitará que coloque el número adecuado. Si no se resuelve, el coordinador de expediciones informara al Departamento de Transportes y organizara la descarga de la carga del camión.

6.2 Al margen de las inspecciones periódicas, en caso de que cualquier operario detecte una deficiencia en la sujeción de la carga de los camiones, deberá informar al coordinador de operaciones o al operador de báscula para que realice una inspección de ese camión, con las mismas consideraciones que en las inspecciones periodicas.

Lista de distribución en papel

Nombre	Cargo	Ubicación de la copia controlada

Definición

Manual de instrucciones al personal de almacén, en el que se explica de manera precisa el proceso para la salida de camiones y el registro de incidencias en estiba.

Emisora

La empresa titular del centro de trabajo donde concurren transportistas.

Receptora

Personal interno de la empresa y del almacén en muelle de carga.

Reglamentación

- Ley 31/1995, de 8 de noviembre, de Prevención de Riesgos Laborales.
- Ley 54/2003, de 12 de diciembre, de reforma del marco normativo de la prevención de riesgos laborales.
- Real Decreto 171/2004, de 30 de enero, por el que se desarrolla el artículo 24 de la Ley 31/1995, de 8 de noviembre, de Prevención de Riesgos Laborales, en materia de coordinación de actividades empresariales.
- Real Decreto 563/2017, de 2 de junio, por el que se regulan las inspecciones técnicas en carretera de vehículos comerciales que circulan en territorio español.
- Directiva 2014/47/UE, del Parlamento Europeo y del Consejo, de 3 de abril de 2014, relativa a las inspecciones técnicas en carretera de vehículos comerciales que circulan en la Unión Europea.
- Ley 15/2009, del Contrato de Transporte Terrestre de Mercancías.
- Real Decreto de 24 de julio de 1889, texto de la edición del Código Civil.

Cómo elaborar el manual interno de estiba en camión

1 ¿Qué es el Real Decreto 563/2017?
El Real Decreto 563/2017 regula las inspecciones técnicas en carretera y su Anexo III aborda las inspecciones de estiba. Esta normativa de estiba en carretera afecta a las cargas en camión y contenedor de la empresa cargadora.

2 ¿Qué son las inspecciones de estiba?
Las inspecciones de estiba tienen la finalidad de asegurar estos tres aspectos:

- El adecuado estado y diseño de los vehículos cuando se usan para contención de la carga.
- La correcta fijación de la carga acorde a la normativa técnica descrita en el RD 563/2017.
- El adecuado estado y la homologación de los útiles sobre la base de las normas EN12195-2, 3 y 4.

3 ¿Quién es el responsable de la estiba?
De acuerdo con la Ley 15/2009 del Contrato de Transporte Terrestre de Mercancías, el responsable de la estiba –incluyendo la sujeción de la carga– es inicialmente el **cargador contractual**, esto es, quien contrata el transporte, salvo que lo pacte expresamente con la empresa porteadora antes de la efectiva presentación del vehículo de transporte.

La empresa cargadora puede tener **pactos expresos con las porteadoras, a quienes contrata este servicio dentro del servicio de transporte.** En el caso de los contenedores o de los camiones propios, el responsable de la estiba será la empresa cargadora, salvo que se subcontrate esta actividad.

Adicionalmente, ya sea transporte pagado por su cliente o por la empresa cargadora, esta tiene una serie de responsabilidades que se derivan del Código Civil. Este exige a las empresas una **labor de vigilancia** y demostrar la debida **diligencia** en perseguir el cumplimiento de la legislación aplicable.

Entre las acciones que se deben aplicar, la empresa cargadora ha de supervisar que todas las cargas que se realicen en el interior de sus instalaciones sean estibadas de forma segura, que los vehículos que las transporten presenten el estado adecuado y que los útiles empleados para la estiba y sujeción de la carga estén homologados y no presenten incidencia alguna (dentro de las que describe la mencionada normativa de estiba).

4 Procedimiento para una estiba adecuada

4.1 Instrucciones o recomendaciones de estiba
Existen diferentes casuísticas que se deben tener en cuenta:

a) La empresa cargadora paga el transporte en camión
En este caso, los pasos a dar son:

1. Fijar un pacto de estiba con la empresa porteadora a través de contratos, órdenes de carga o fichas de estiba.
2. Presentación del vehículo de transporte y cumplimento del procedimiento interno de seguridad.
3. Realizar una inspección visual de la estiba.
4. En caso de incidencias leves o graves se anotará la correspondiente reserva y se sugerirá a la empresa porteadora que corrija, en la medida de lo posible, la deficiencia antes de salir. Si la deficiencia es peligrosa, el vehículo se debería inmovilizar hasta subsanarla o bien descargar la mercancía.
5. Se deben realizar inspecciones más profundas sobre el 5 % de las cargas, de acuerdo con el procedimiento de inspección periódica de sujeción de la carga en vehículos de carretera.

b) La empresa cargadora carga camiones propios o contenedores
En este caso, el procedimiento que se ha de seguir es:

1. Formación del personal propio.
2. Realización de la estiba de acuerdo con la ficha de estiba.
3. Supervisión y comprobación de que la estiba es adecuada.

c) El cliente es quien paga el transporte
En esta situación, los pasos a seguir son:

1. Si es el cliente el que contrata a su empresa transportista, la labor de la empresa cargadora, en caso de que en la compraventa se haya acordado una regla Incoterms FCA planta, es cargar el vehículo y ejercer una labor de vigilancia para evitar que este salga de sus instalaciones con alguna incidencia que pueda suponer un peligro.
2. A tal efecto, la empresa cargadora enviará fichas de estiba a sus clientes, como recomendación para la adecuada sujeción de la carga, acorde con el RD 563/2017.
3. En caso de incidencia leve o grave se anotará y se sugerirá corregirlo, en la medida de lo posible, antes de salir el vehículo. Si la incidencia es grave el vehículo se debería inmovilizar hasta subsanarla o bien descargar la mercancía.

5 Estiba recomendada por tipos de carga
La empresa cargadora debe disponer de fichas de estiba para cada tipo de carga. Estas fichas permiten ver, en un solo documento;

- Vistas generales, laterales y superiores de la estiba recomendada.
- Los pasos que se han de seguir para cargar el vehículo.
- Los útiles recomendados.
- Los EPI requeridos.
- Los modos de transporte aplicables.
- Una tabla con ejemplos de cálculos.
- La normativa aplicable.
- El pacto con la empresa porteadora.

- Recomendaciones para la estiba.
- Los plazos de revisión recomendados.
- La protección de datos.
- Las responsabilidades.
- El certificado del estiba.
- La firma de la empresa transportista.

5.1 Cómo funcionan las fichas de estiba

1. Las fichas constan de un anverso con las indicaciones técnicas sobre cómo se recomienda realizar una carga, y de un reverso con las condiciones y cláusulas relativas a la estiba.
2. La empresa cargadora entrega la ficha que corresponda a la porteadora y a sus clientes como recomendación de carga, y a su personal propio como obligación y herramienta didáctica.

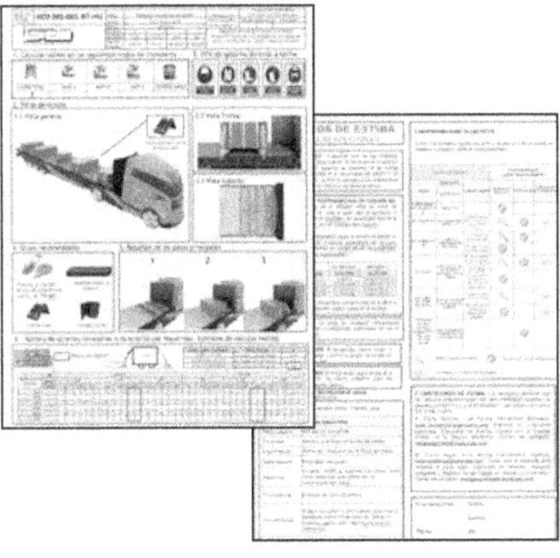

La empresa porteadora las debe devolver firmadas para su registro.

6. Inspección visual y reservas

En caso de detectar alguna incidencia, el personal de la empresa cargadora, deberá actuar según los procedimientos internos correspondientes. Como norma general;

- Si la incidencia es leve o grave se anotará la reserva correspondiente en la carta de porte, y se comentará con el conductor del vehículo para tratar de subsanar el origen de la incidencia antes de la salida del vehículo.
- Si la incidencia es peligrosa, el vehículo no debería salir cargado de las instalaciones hasta que se subsane. En caso de que esto no sea viable se descargará el vehículo.
- Debe anotarse cualquier reserva sobre hechos significativos, tales como:

  - El conductor da instrucciones sobre distribución del peso.
  - El vehículo presenta deficiencias.
  - Los útiles presentan deficiencias.
  - La técnica de estiba aplicada no es suficiente o no es la adecuada.

7 Inspecciones de estiba de acuerdo con el RD 562 2017, Anexo III

10. IDONEIDAD DEL VEHÍCULO			Evaluación de la deficiencia		
Parte que se inspecciona	Punto	Deficiencias	Leve	Grave	Peligrosa
Pared posterior (si se utiliza para la sujeción de la carga)	10.3.1a	Parte oxidada o deformada; mal estado de bisagras o cerraduras		x	
	10.3.1b	Parte fisurada; faltan bisagras o cerraduras, o no funcionan			x
	10.3.2a	Resistencia insuficiente (certificado o etiqueta si procede)		x	
	10.3.2b	Altura insuficiente en relación con la carga transportada			x
Teleros (si se utilizan para la sujeción de la carga)	10.4.1a	Parte oxidada o deformada o amarre insuficiente del vehículo		x	
	10.4.1b	Parte fisurada; amarre al vehículo inestable			x
	10.4.2a	Mala resistencia o diseño		x	
	10.4.2b	Altura insuficiente en relación con la carga transportada			x
Puntos de amarre (si se utilizan para la sujeción de la carga)	10.5.1a	Mal estado o diseño		x	
	10.5.1b	No pueden soportar las fuerzas de amarre necesarias			x
	10.5.2a	Número insuficiente		x	
	10.5.2b	Número insuficiente para soportar las fuerzas de amarre necesarias			x
Estructuras especiales exigidas (si se utilizan para la sujeción de la carga)	10.6.1a	Mal estado, dañado		x	
	10.6.1b	Parte fisurada; no apta para soportar la fuerza de retención			x
	10.6.2a	No apta para la carga transportada		x	
	10.6.2b	Ausente			x
Suelo (si se utiliza para la sujeción de la carga)	10.7.1a	Mal estado, dañado		x	
	10.7.1b	Parte fisurada; No apto para soportar carga			x
	10.7.2a	Límite de carga insuficiente		x	
	10.7.2b	No apto para soportar carga			x

Deficiencias	Evaluación de la deficiencia		
	Leve	Grave	Peligrosa
El empaquetado para el transporte no permite una sujeción adecuada para la carga	A discreción del inspector		
Un o más unidades de carga no están colocadas correctamente	A discreción del inspector		
El vehículo no es adecuado para la carga que se transporta (deficiencia distinta a las enumeradas en el punto 10	A discreción del inspector		
Defectos manifiestos en la superestructura del vehículo (deficiencias enumeradas en el punto 10)	A discreción del inspector		

20. RETENCIÓN DE LA CARGA POR AMARRES DE CIERRE, BLOQUEO Y AMARRE DIRECTO					Evaluación de la deficiencia		
N1	Elemento	Descripción	Subpunto	Deficiencias	Leve	Grave	Peligrosa
20.1	Amarre directo (bloqueo)	Demasiada distancia entre la carga y la parte frontal:	20.1.1.1a	Demasiada distancia con la pared frontal si se utiliza para la sujeción directa de la carga		x	
			20.1.1.1b	Más de 15 cm y riesgo de atravesar la pared			x
			20.1.1.2a	Demasiada distancia con las paredes laterales si se utilizan para la sujeción directa de la carga		x	
			20.1.1.2b	Más de 15 cm y riesgo de atravesar la pared			x
			20.1.1.3a	Demasiada distancia con la pared posterior si se utiliza para la sujeción directa de la carga		x	
			20.1.1.3b	Más de 15 cm y riesgo de atravesar la pared			x
20.1	Amarre directo (bloqueo)	Dispositivos de sujeción, como raíles de amarre, vigas de bloqueo, tablillas y cuñas en las paredes frontal, laterales y posterior	20.1.2.1a	Fijación al vehículo inadecuada	x		
			20.1.2.1b	Fijación insuficiente		x	
			20.1.2.1c	No aptos para soportar las fuerzas de retención, flojos			x
			20.1.2.2a	Sujeción inadecuada	x		
			20.1.2.2b	Sujeción insuficiente		x	
			20.1.2.2c	Totalmente ineficaces			x
			20.1.2.3a	Equipo de sujeción poco adaptado		x	
			20.1.2.3b	Equipo de sujeción totalmente inadecuado			x
			20.1.2.4a	Método escogido para la sujeción del embalaje: subóptimo			x
			20.1.2.4b	Método elegido totalmente inadecuado		x	
20.1	Amarre directo (bloqueo)	Sujeción directa con redes y lonas	20.1.3.1a	Estado de las redes y de las lonas (falta la etiqueta/están dañadas pero pueden servir)	x		
			20.1.3.1b	Dispositivos de retención de la carga dañados		x	
			20.1.3.1c	Dispositivos de retención de carga muy deteriorados y que no son apropiados para el uso			x
			20.1.3.2a	Resistencia insuficiente de las redes y lonas		x	
			20.1.3.2b	Capacidad inferior a dos tercios de las fuerzas de retención requeridas			x
			20.1.3.3a	Fijación insuficiente de las redes y lonas		x	
			20.1.3.3b	Fijación con una capacidad menor para soportar dos tercios de las fuerzas de retención requeridas			x
			20.1.3.4a	Adecuación insuficiente de las redes y lonas para la sujeción de la carga		x	
			20.1.3.4b	Totalmente inadecuadas			x
20.1	Amarre directo (bloqueo)	Separación y relleno de las unidades de carga o de los espacios libres	20.1.4.1a	Inadecuación de la unidad de separación y relleno		x	
			20.1.4.1b	Separación o espacios libres demasiado amplios			x
20.1	Amarre directo (bloqueo)	Amarre directo (horizontal, transversal, diagonal, con bucles o resortes)	20.1.5.1.a	Las fuerzas de sujeción requeridas son inadecuadas		x	
			20.1.5.1.b	Inferiores a dos tercios de la fuerza requerida			x

| 20.2 SUJECIÓN POR FRICCIÓN | | | | | Evaluación de la deficiencia | | |
N1	Elemento	Descripción	Subpunto	Deficiencias	Leve	Grave	Peligrosa
20.2	Sujeción por fricción	Alcance de las fuerzas de sujeción requeridas	20.2.1.1.a	Las fuerzas de sujeción requeridas son inadecuadas		X	
			20.2.1.1.b	Inferiores a dos tercios de la fuerza requerida			X

| 20.3 DISPOSITIVOS DE RETENCIÓN DE LA CARGA UTIILIZADOS | | | | Evaluación de la deficiencia | | |
Punto	Descripción	Subpunto	Deficiencias	Leve	Grave	Peligrosa
	Dispositivos de retención de la carga utilizados	20.3.1a	Inadecuación de los dispositivos de retención de la carga		x	
		20.3.1b	Dispositivo totalmente inadecuado			x
		20.3.2a	Falta la etiqueta (por ejemplo placa/remolque)/está dañada pero el dispositivo funciona adecuadamente	x		
		20.3.2b	Falta la etiqueta (por ejemplo placa/remolque)/está dañada y el dispositivo está muy deteriorado		x	
		20.3.3a	Dispositivos de retención de la carga dañados		x	
		20.3.3b	Dispositivos de retención de carga muy deteriorados y que no son ya apropiados para el uso			x
		20.3.4a	Tornos de amarre utilizados de forma incorrecta		x	
		20.3.4b	Tornos de amarre defectuosos			x
		20.3.5a	Uso incorrecto de los dispositivos de retención de la carga (por ejemplo falta de protección de las aristas)		x	
		20.3.5b	Uso defectuoso de los dispositivos de retención de la carga (por ejemplo nudos)			x
		20.3.6a	Fijación de los dispositivos de retención de la carga inadecuada		x	
		20.3.6b	Inferiores a dos tercios de la fuerza requerida			x
20.4	Equipo adicional (por ejemplo alfombras antideslizantes, protectores de aristas, ríeles)	20.4.1a	Se emplea un equipo inadecuado	x		
		20.4.1b	Se emplea un equipo incorrecto o defectuoso		x	
		20.4.1c	Se emplea un equipo totalmente inadecuado			x
20.5	Transporte de productos a granel, ligeros y sueltos	20.5.1a	Productos a granel que vuelan al circular el vehículo y que pueden distraer a otros vehículos		x	
		20.5.1a	Supone un peligro para los demás vehículos			x
		20.5.2a	Productos a granel mal sujetos		x	
		20.5.2a	Pérdida de la carga que supone un peligro para los demás vehículos			x
		20.5.3a	Productos ligeros sin cubrir		x	
		20.5.3b	Pérdida de la carga que supone un peligro para los demás vehículos			x
20.6	Transporte de trozas	20.6.1	Pérdida parcial del producto transportado (troncos)		x	
		20.6.2a	Fuerzas de sujeción de la unidad de carga inadecuadas			x
		20.6.2b	Inferiores a dos tercios de la fuerza requerida			x

| 30. CARGA TOTALMENTE SUELTA | | Evaluación de la deficiencia | | |
Punto	Deficiencias	Leve	Grave	Peligrosa
30	Carga totalmente suelta			X

22 Procedimiento interno para el rechazo de camiones

Definición

Modelo de procedimiento en el cual basarse, siguiendo las directrices y deficiencias del RD 563/2017, para proceder a rechazar un camión que incumple la normativa interna de seguridad o de estiba y sujeción de las cargas.

Emisora

Este proceso interno debe elaborarlo por escrito la empresa cargadora/expedidor e indicarse instrucciones concretas para los operarios de almacén.

Reglamentación

- Ley 31/1995, de 8 de noviembre, de Prevención de Riesgos Laborales.
- Ley 54/2003, de 12 de diciembre, de reforma del marco normativo de la prevención de riesgos laborales.
- Real Decreto 171/2004, de 30 de enero, por el que se desarrolla el artículo 24 de la Ley 31/1995, de 8 de noviembre, de Prevención de Riesgos Laborales, en materia de coordinación de actividades empresariales.
- Código Civil, artículos 1902 y ss.
- Real Decreto 563/2017, de 2 de junio, por el que se regulan las inspecciones técnicas en carretera de vehículos comerciales que circulan en territorio español.
- Directiva 2014/47/UE, del Parlamento Europeo y del Consejo, de 3 de abril de 2014, relativa a las inspecciones técnicas en carretera de vehículos comerciales que circulan en la Unión Europea.
- Recomendación 2010/379/UE, de la Comisión, de 5 de julio de 2010, sobre la evaluación de riesgo de las deficiencias detectadas durante las inspecciones técnicas en carretera de los vehículos industriales de conformidad con la Directiva 2000/30/CE, del Parlamento Europeo y del Consejo.

Modelo de procedimiento interno para el rechazo de camiones presentados para la carga

El RD 563 2017 recoge la regulación de las inspecciones sobre la estiba de cargas en camión.

Dicha regulación incluye diferentes incidencias a sancionar, clasificadas en tres grados: leve, grave y peligrosa.

Forma de actuar ante la incidencia

En caso de detección de incidencia durante la vigilancia de las labores, se procederá del siguiente modo:

1. Anotar en el listado de comprobación relativo a inspecciones en el presente informe, la deficiencia, con un círculo:

Icono	30. Carga totalmente suelta		Evaluación de la deficiencia		
	Elemento	Deficiencia	Leve	Grave	Peligrosa
	30	Carga totalmente suelta			x

2. En función de la deficiencia, realizar la siguiente acción:

Categoría	Acción a tomar
Leve	Anotación en la carta de porte
Grave	Anotación en carta de porte y requerimiento de subsanación antes de 15 días si corresponde a deficiencia de vehículo. Si se trata de deficiencia de estiba, subsanación inmediata
Peligrosa	Inmovilización y exigencia de subsanación inmediata o descarga y prohibición de nueva carga hasta subsanación

Igualmente, si se desea, puede abrirse una incidencia con el fin de dejar constancia de que se ha realizado una labor de vigilancia.

Registro de incidencias de estiba / Incumplimiento RD 563 2017			
Fecha:			
Abierta por:			
Descripción de la incidencia:			
	Leve	Grave	Peligrosa
Clasificación de la incidencia:			
Acciones tomadas:			

23 Ficha de estiba para la vigilancia de la coordinación de actividades empresariales y modelo de verificación de la sujeción

Definición

Las empresas cargadoras que subcontratan las labores de carga o estiba deben realizar la vigilancia de dichas tareas y el cumplimiento de las normas de seguridad por parte de las empresas transportistas. Para ello, han de disponer de una herramienta como esta para revisar la carga o estiba de los camiones que concurren en el centro de trabajo.

El listado de comprobación indica los puntos básicos que se han de inspeccionar en el almacén para valorar la salida del camión o proceder a la descarga del mismo. Este listado puede incluirse en el reverso legal de la ficha de estiba, y proceder a la revisión tomando como referencia las ilustraciones y los cálculos de la ficha.

Emisora

La empresa cargadora/expedidora que subcontrata o realiza operaciones de carga o estiba de mercancías.

Reglamentación

- Ley 31/1995, de 8 de noviembre, de Prevención de Riesgos Laborales.
- Ley 54/2003, de 12 de diciembre, de reforma del marco normativo de la prevención de riesgos laborales.

Coordinación de actividades empresariales

- Real Decreto 171/2004, de 30 de enero, por el que se desarrolla el artículo 24 de la Ley 31/1995, de 8 de noviembre, de Prevención de Riesgos Laborales, en materia de coordinación de actividades empresariales.

FICHAS HDZ²	HDZ-??-00003-ASP-??	Ficha:	Palés de cartón corrugado.	Elaborada por	Eva María Hernández Ramos Carlos Hernández Barrueco	
		Norma	UNE EN 12195-1:2011	Ficha aplicable como (señale x)	Recomendación	Obligación
		Fecha:	1 /12/201			X
		Versión	V1	ebe contemplarse el cálculo por módulos unificados		
		Medidas	Largo / Ancho / Alto / g			
		Valores estándar:	1,2 m / 1,2 m / 2,4 m / g			

1. Cálculos válidos en los siguientes modos de transporte

CARRETERA	MAR A	MAR B	MAR C	FERROCARRIL
X				

2. EPI obligatorios durante la estiba

3. Vistas generales

3.1 Vista general

3.2 Vista lateral

3.3 Vista superior

4. Útiles obligatorios y recomendados

Obligatorio

Antideslizante vulcanizado en tira larga adecuada al palé (no esteras)

Recomendado

Fijación al camión: cintas de amarre 2 piezas STF₂ 300 daN

Cantoneras; no son obligatorias, aunque se recomiendan

5. Resumen de los pasos principales

1

2

3

6. Número de amarres necesarios según la STF de las cintas. Tabla con ejemplos de cálculos hechos

Patrones de distribución de peso

Recomendación

Amarre superior para evitar el deslizamiento. Si hay riesgo de vuelco debe tomarse el mayor de los dos cálculos

Coeficientes de fricción a aplicar:
- Madera lisa vs laminado o contrachapado; 0,45
- Antideslizante 0,6

eso del bulto o conjunto (g)	daN					daN			

PROTOCOLO DE RESPONSABILIDAD JURÍDICA
Clausulas aplicables

1. Normativa aplicable.

3. Pacto de estiba

4. Recomendaciones.

5. Plazo de verificación

6. Plazos para reclamar

8. Política de protección de datos

Información básica sobre protección de datos:

Responsable	Empresa cargadora
Finalidad	Ejecución del acuerdo
Legitimación	Firma del transportista de la ficha de estiba y pacto de estiba y amarre
Destinatarios	Empresas del grupo. Personal con acceso.
Derechos	Acceder, rectificar, suprimir sus datos, entre otros derechos que podrá ver en la información adicional.
Procedencia	Entrega de ficha de estiba firmada, mediante contrato de transporte o anexo al mismo.
Información adicional	Puede consultar información adicional sobre protección de datos en nuestra web.

2. Verificación de seguridad en almacén
El personal que asuma esta función verificará que el vehículo cumple los siguientes requisitos, antes de autorizar la salida de las instalaciones.

A. Inspección visual externa de la unidad de carga	Descripción
A.1 Vehículo apropiado y sin sobrepeso. Comprobar que el vehículo es el solicitado en la orden de carga y que no va a haber sobrepeso.	
A.2 Pared frontal (si se utiliza para sujetar la carga). Comprobar que posee resistencia suficiente y que no existen deformaciones, roturas o daños que puedan poner en peligro la estabilidad del vehículo o de la carga.	
A.3 Paredes laterales (si se utiliza para sujetar la carga) Ídem apartado A2	
A.5 Puntales (si se utilizan para sujetar la carga) Ídem apartado A.2 y, además, comprobar que están bien sujetos al vehículo	
A.6 Puntos de amarre (si se utilizan para sujetar la carga). Comprobar que existen puntos de amarre y en número suficiente y en aparente buen estado	
A.7 Suelo (si se utiliza para sujetar la carga). Ídem apartado A.2 y, además, comprobar ausencia de suciedad o sustancias que puedan afectar gravemente a la estabilidad de la carga (deslizamiento de la carga)	
B. Asegurar una estiba segura	
B.1 Dispositivos de amarre: El vehículo dispone de los elementos de amarre y bloqueo, que son aparentemente adecuados en número, conservación (nudos, cortes, etc.) y tienen etiqueta o chapa legible	
B.2 Distribución de la carga. Comprobar que la distribución elegida de la carga es la adecuada para asegurar el equilibrio del peso por eje y que garantiza la estabilidad del vehículo y la mercancía durante el transporte (evitar espacios entre las mercancías y los laterales, etc.)	
B.3 Amarre y estabilización de la carga (si es necesario) Comprobar que el conductor amarra y bloquea la mercancía conforme a la ficha de estiba, y que cierra el compartimento de carga	
Valoracion final	

7. Certificado de estiba. El comisario de averías titulado, certifica que los cálculos son correctos y han sido realizados de acuerdo con la Directiva 47/2014 EU, el RD 563/2017, y la norma EN12195-1:2010 y aplicables.

A/ Parte técnica:
Firma y nº titulo:

B/ Reverso legal: Eva María Hernández Ramos. Licenciada en Derecho.
www.evahernandezramos.es
eva@seguridadenlascargas.com

Firma transportista
Nombre
Apellidos
DNI

Fecha   Hora

Modelo de verificación de la estiba de la carga

Nombre empresa y logotipo		

Fecha:	
Expedición/entrega:	
Carga completa (Sí/No)	

	Apto (Sí/No)	Clasificación: Leve/Grave/Peligroso
A. Inspección visual externa de la unidad de carga		
✓ **A.1 Vehículo apropiado y sin sobrepeso.** Comprobar que el vehículo es el apropiado (capacidad, altura, solidez, etc.) para la mercancía que transporta y el solicitado en la orden de carga, y que no va a haber sobrepeso		
✓ **A.2 Pared frontal** (si se utiliza para sujetar la carga). Comprobar que posee una resistencia suficiente y que no existen deformaciones, roturas o daños que puedan poner en peligro la estabilidad del vehículo o de la carga		
✓ **A.3 Paredes laterales** (si se utilizan para sujetar la carga). La misma comprobación que en A2 (deformaciones o daños en bisagras y cerraduras, etc.)		
✓ **A.5 Puntales** (si se utilizan para sujetar la carga) La misma comprobación que en A2 y, además, comprobar que están bien sujetos al vehículo		
✓ **A.6 Puntos de amarre** (si se utilizan para sujetar la carga). Comprobar que existen puntos de amarre y en número suficiente y que están en aparente buen estado		
✓ **A.7 Suelo** (si se utiliza para sujetar la carga). La misma comprobación que en A2 y, además, comprobar ausencia de suciedad o sustancias que puedan afectar gravemente a la estabilidad de la carga (deslizamiento de la carga)		
B. Asegurar una estiba segura		
✓ **B.1 Dispositivos de amarre.** Comprobar que el vehículo dispone de los elementos de amarre y bloqueo, que son aparentemente adecuados en número, conservación (nudos, cortes, etc.) y tienen etiqueta o chapa legible		
✓ **B.2 Distribución de la carga.** Comprobar que la distribución elegida de la carga es la adecuada para asegurar el equilibrio del peso por eje y que garantiza la estabilidad del vehículo y la mercancía durante el transporte (pesadas y de mayor superficie abajo, evitar espacios entre las mercancías y los laterales, etc.)		
✓ **B.3 Amarre y estabilización de la carga** (en caso de ser necesario). Comprobar que el conductor amarra y bloquea la mercancía conforme se indica en la ficha de estiba, y que cierra el compartimento de carga		
Valoración final		
✓ **C.1 Incidencias graves peligrosas.** Ha habido alguna incidencia que hace necesaria la paralización de la carga por falta de seguridad en la estiba (detallar en observaciones y en documento de porte)		
✓ **C.2 Incidencias graves no peligrosas.** Ha habido alguna incidencia que a nuestro juicio o el del conductor es grave para la mercancía, pero no peligrosa para la seguridad del transporte (detallar en observaciones y en documento de porte)		

Observaciones y detalles de la valoración	Sí ☐	No ☐
	Firma y nombre	

 ## Ejemplo de verificación cumplimiento RD 563/2017

Verificación del tipo de camión	Inspección		
Cuando el camión es XL (homologado según norma EN 12642)	No debe tener **espacios superiores a 15 cm** entre la carga y la pared frontal	Grave	Más de 15 cm
		Peligroso	Más de 15 cm y riesgo de atravesar la pared
	El coeficiente de fricción debe ser superior a 0.3	Grave	Las paredes no tienen resistencia suficiente por no tener fricción adecuada
	La mercancía está distribuida uniformemente	Grave	
	Tiene **colocadas las remontas indicadas en el certificado**	Grave	

Nombre:	
Fecha:	
Deficiencia:	
Medida:	
Firma:	

Ejemplo de verificación cumplimiento RD 563/2017

Verificación del tipo de camión	Inspección		
Tautliner o semitautliner (no homologado según norma EN 12642)	Defectos del vehículo	Grave	Parte oxidada con rotura o deformada
		Peligroso	Parte rota que pone en peligro la integridad de la carga
	Número de cintas de amarre	Grave	Número de cintas insuficiente
		Peligroso	Cintas insuficientes en menos de dos tercios de lo requerido
	Estado de las cintas de amarre	Leve	Sin etiqueta o ilegible
		Grave	Cortes, fisuras, quemaduras
		Peligroso	Nudos
		Peligroso	Inservibles
	Uso de las cintas de amarre	Grave	Falta cantonera
		Grave	Torno o ganchos usados incorrectamente
		Peligroso	Usar antideslizante o chapa metálica como cantonera
		Peligroso	Torno defectuoso

Nombre:	
Fecha:	
Deficiencia:	

Igualmente, puede abrirse una incidencia, si se desea, con el fin de dejar constancia de que se ha realizado una labor de vigilancia.

Registro de incidencias de estiba / Incumplimiento RD 563 2017			
Fecha:			
Abierta por:			
Descripción de la incidencia			
	Leve	Grave	Peligrosa
Clasificación de la incidencia			
Acciones tomadas			

Verificación de estiba en carretera por fuerzas y cuerpos de seguridad

Verificación del tipo de camión	Inspección			
	No debe tener **espacios superiores a 15 cm** entre la carga y la pared lateral	Deficiencia 20.1.1.	Grave	Demasiada distancia
			Peligroso	Más de 15 cm y riesgo de atravesar la pared
Camión XL (homologado según norma EN 12642)	El **coeficiente de fricción debe ser superior a 0.3**	Deficiencia 10.1.2. (pared frontal) Deficiencia 10.2.2. (paredes laterales) Deficiencia 10.3.2.(pared trasera)	Grave	Las paredes no tienen resistencia suficiente por no tener fricción adecuada Fricción 0.3 Fricción 0.45 Fricción 0.6 (antideslizante)
	La mercancía está **distribuida uniformemente**	Deficiencia 20.1.1	Grave	
	Tiene colocadas las **remontas indicadas en el certificado**	Deficiencia 10.2.2 (resistencia insuficiente paredes laterales)	Grave	

Nombre:	
Fecha:	
Deficiencia:	
Firma:	

Definición

El informe 8D es una herramienta de resolución de problemas, que establece ocho pasos secuenciales para llegar a la raíz de cualquier incidente y resolverlo con éxito.

A este método también se le denomina resolución de problemas 8D, G8D o global 8D. Los pasos a seguir son los siguientes:

- D1. Formación: el equipo debe ser competente y conocedor de la materia a fin de resolverla, con capacidad para asumir dicha responsabilidad y aportar soluciones efectivas.
- D2. Definición: se debe realizar una descripción detallada del problema con herramientas de planificación y mejora, como los «5 por qué» o «4W + 1H» (qué, cuándo, quién, dónde y cómo).

El modelo de informe 5 por qué es una herramienta para analizar un incidente o accidente de mercancías, ayuda a encontrar las causas superficiales y llegar a la causa raíz. Por ejemplo:

- ¿Por qué se produjo el accidente? → Porque el suelo estaba mojado.
- ¿Por qué estaba mojado el suelo? → Porque lo pisaron con los zapatos mojados.
- ¿Por qué los zapatos del personal estaban mojados? → Porque estaba lloviendo.

Analizada la causa raíz, se pueden proponer mejoras, como el uso de suelas antideslizantes, etc.

Emisora

La empresa cargadora o expedidora con incidencias en sus mercancías.

Reglamentación

No existe normativa internacional regulatoria, pero es utilizado como método para la resolución de problemas por ingenieros de calidad y otros profesionales.

	Punto donde se ha originado el problema	Producción ☐	Prevención ☐	Otros : ☐	**Sistema 8D**
		Logística: Almacenes ☐ Transporte ☐	Tiempo perdido por accidente ☐		**Los 5 Por qué**

D 1 - Descripción de las circunstancias

Responsables de corregir el problema:		Planta:	Lugar:

Fecha:	Hora:	Descripción:

Personas que detectaron el problema	Si se ha producido con anterioridad, número de veces y descripción de los hechos	Departamentos o áreas afectadas	Esquema de los daños

¿La actuación ante este problema está protocolizada? Si la respuesta es positiva, ¿en qué procedimiento?	Fotografías

D 2

Riesgo en procesos o productos similares:	No:	Sí (indicar dónde):

D 3 - Acciones correctivas inmediatas

Núm.	Acciones correctivas inmediatas	Responsable
1.		
2.		
3.		
4.		
5.		

D4 & D5 - Causa raíz de la no detección y concurrencia (5 Por qué?) 24 horas

Causa raíz de la no detección: No es un problema habitual y tiene una difícil detección. Adicionalmente, hemos comprobado que se trata de un conjunto de problemas y no de uno solo

1.º POR QUÉ	2.º POR QUÉ	3.º POR QUÉ	4.º POR QUÉ	5.º POR QUÉ

D6/D7 — PLAN DE ACCIÓN: 24 horas / Revisado: 10 días

Problema (causa raíz)	Acción	Responsable	Fecha	Hecho (fecha)	Revisado (fecha)	Acción efectiva Sí/No

¡No te olvides de felicitar a tu equipo!	Acciones para reconocer el trabajo:		

D8 - VALIDACIÓN-CIERRE: 1 mes

Jefe de planta	Responsable de RRHH	Auditor	Objetivo conseguido (Sí/No, fecha):
Firma/s	Firma	Firma	
Fecha:	Fecha:	Fecha:	

Logo empresa	PUNTO DONDE SE HA ORIGINADO EL PROBLEMA	Producción		Calidad		Otros:		8d
		Logística: Almacenes	X	nsporte	X	Tiempo perdido por accidente		

Responsables de corregir el problema: Alfonso Marcel	Planta: Bohadilla	Lugar: Bohadilla

Fecha: 30/1/2015	Hora: 8:30	Titular del problema: Caída de pieza 2541959, con daños materiales a carretilla	
Personas que detectaron el problema	**Si se ha producido con anterioridad, nº de veces y descripción de los hechos**	**Dptos. o áreas afectadas**	**Esquema de los daños**
Salvador Hernández, operario	Sí, en diversas ocasiones	Almacén / Calidad / Producción / RR.HH.	Eje trasero direccional dañado, por impacto brusco contra el suelo, tras elevarse. Impacto al operario, con riesgo de daños

Descripción de los hechos:

El operario sacó la pieza del camión, con un peso de 7200kgs. Una vez fuera del mismo, a 1,5 m de altura, la pieza comenzó a desplazarse hacia delante, elevando la parte trasera de la carretilla. Finalmente, la pieza cayó, volviendo la carretilla al contacto con el suelo bruscamente y produciendo una rotura del eje trasero, al tiempo que un fuerte impacto para el operario.

Fotos

¿La actuación ante este problema está protocolada?. Si la respuesta es positiva, ¿En qué procedimiento?

No adecuadamente. Se ha formado al personal en el carnet de carretilla y riesgo del puesto, pero no está protocolada la manipulación de esta pieza en particular.

Riesgo en procesos o productos similares:	SI: X	NO:	Si es Sí, Donde?: En todas las manipulaciones de piezas metálicas

Nº	Acciones correctivas inmediatas / medidas de contingencia	Resp.
1.	Paralizar la carretilla y no manipular este tipo de piezas con carretilla hasta nueva orden	Amalio Rodríguez
2.	Dar al calderero la instrucción de realizar todos los puntos de anclaje indicados en el plano	Avaro Espinosa
3.	Elaborar una instrucción adecuada para la manipulación	Jorge Campos
4.	Consultar a almacén y a calderero sobre cómo se manipulará desde la fase de diseño	Noelia Becerril
5.	Solicitar la presencia de un experto para analizar el problema en profundidad	Maite Zuriel

Causa raíz de la no detección: No es un problema habitual y tiene una difícil detección. Adicionalmente, hemos comprobado que se trata de un conjunto de problemas y no de uno sólo

D4 & D5 - Causa raíz de la no detecc y concurrencia (5 Por qué?) 24 horas — **A**

1er POR QUÉ ?	2º POR QUÉ ?	3° POR QUÉ ?	4°POR QUÉ ?	5°POR QUÉ ?
La pieza se ha deslizado hacia adelante	No llevaba ningún elemento de sujeción y es hierro contra hierro	No se consideró necesario en el diseño	Hay muchas piezas y no se estimaba oportuno	No hay unas directrices claras sobre cómo actuar en estas operaciones
Las uñas estaban posiblemente rectas o algo inclinadas hacia adelante	No se puede asegurar en el 100% que el carretillero, sólo con la vista, puede nivelarlo	El carretillero tampoco tiene una instrucción clara sobre la inclinación a usar	No hay una formación y training especiales para este tipo de piezas	Las piezas son muchas y no se ha abordado nunca
No se tiene claro si la carretilla puede soportar este peso	Se compró de segunda mano y no tiene libro técnico	No aparece una ficha muy clara sobre la escala de manipulación	No se ha abordado con el proveedor la necesidad de hacerlo	El proveedor tampoco ha trasladado una instrucción clara sobre esta manipulación
En la manipulación, el operario no bajó la pieza nada más sacarla del camión	Incumplio las directrices del curso de carretillero y del manual (pag, 12)	No hubo un training adecuado y el operario no lo asimiló como hábito	Dado que la pieza es muy resbaladiza, el operario pudo considerar que no era efectiva y no la aplicó	No hay un útil claramente eficaz para esta manipulación, ni una instrucción clara
En el camión, las piezas vienen sin ningún soporte	No hay un protocolo de estiba adecuado que abarque todo el ciclo	No se ha diseñado, dado el Nº de piezas y el conocimiento técnico necesario	Hay que hacer una ficha de PRL por producto, o al menos familia de productos	Los procedimientos tienen que hacerse desde el proveedor

D6/D7 — PLAN DE ACCIÓN Plan de acción: 24 horas Revisado: 10 días — **R**

Problema (Causa raíz)	Acción	Responsable	Fecha	Hecho (fecha)	Revisado (Fecha)	Acción efectiva S/N
No hay unas instrucciones sobre el útil y forma de operar	Establecer un útil (recomendado spreader) para manejo de cargas con seguridad y adaptable a múltiples piezas	Jorge Amando	15/02/2015			
No está claro el peso que puede transportar	Se adquirirá un manual y se establecerá un diagrama de cargas específico para conocer si la carretilla puede usarse	Jorge Amando	15/02/2015			
No hay un protocolo específico para el manejo y carga de las piezas	Establecer un protocolo de seguridad para las diferentes familias de piezas	Jorge Amando	15/02/2015			
No hay una formación específica para los operarios relacionadas con la manipulación	Establecer una formación específica para manipulación de cargas, acorde a la normativa y se hará un training	Noelia Zuriel	15/02/2015			
No hay protocolos de estiba implementados	Se realizará un protocolo de estiba para cubrir todo el proceso desde el proveedor hasta la carga final	Noelia Zuriel	20/02/2015			
Existe un riesgo de atropellos o daños a terceros por falta de señalización	Se debe señalizar la zona de carga, canalizando el paso de personas y dotando de elementos acústicos adecuados	Alvaro Espinosa	28/02/2015			

D8 - VALIDACIÓN CIERRE 1 mes — **S**

Jefe de Planta	Responsable de RR.HH.	Auditor Carlos Hernández	Objetivo conseguido (S/N -Fecha):
Firma/s	Firma	Firma	
Fecha:	Fec ha:	Fecha:	

Definición

Documento por el cual, una empresa asegurada en una póliza de seguro de mercancías, designa a una correduría como mediadora respecto a sus riesgos, programas y pólizas de seguros, designación que esta acepta.

Desde este momento, la correduría queda autorizada para negociar directamente con las empresas aseguradoras, y recabar todo tipo de información que precisen para, entre otras, ofrecer la mejor cobertura aseguradora, especialmente en caso de vencimiento o cancelación de los seguros.

Emisora

La empresa asegurada a fin de pactar con la empresa de mediación determinados servicios.

Reglamentación

- Ley 50/1980, de 8 de octubre, de Contrato de Seguro.
- Ley 26/2006, de 17 de julio, de Mediación de seguros y reaseguros privados.
- Código civil, contrato de mediación o corretaje (artículo 1255 del Código Civil).
- Anteproyecto de Código Mercantil como respuesta legislativa a los grandes cambios que ha experimentado el sector mercantil desde el Código de Comercio de 1885.

Modelo de nombramiento correduría mediadora con la compañía de seguros

Remitente:
Domicilio:

Empresa destinataria:
Domicilio:
A la atención de:

Apreciados,

Mediante la presente les comunicamos nuestra voluntad de nombrar a la entidad _______________, como nuestro mediador para las pólizas de seguros y riesgos en la mercancía contratados con ustedes.

El nombramiento incluye las siguientes facultades, que desempeñará el mediador con buena diligencia:

- La intermediación con las compañías aseguradoras en caso de siniestros.
- Gestión de las pólizas de seguro de nuestra entidad.
- Negociación y coordinación de las coberturas y condiciones económicas.
- Realización de comunicaciones en nuestro nombre y en favor de resolución de expedientes.

Podremos revocar el nombramiento en el momento que lo estimemos adecuado, con un preaviso suficiente y por escrito.

Atentamente,

Firma
Nombre
Cargo

En _________, a___, de_________ de 20__

Definición

Carta solicitando información sobre las coberturas del seguro de mercancías a la compañía aseguradora o correduría mediadora.

Los seguros de mercancías suelen contratarse bajo coberturas ICC-A (modalidad A de las cláusulas del Institute Cargo Clauses), no siendo éstas suficientes para la cobertura de una sujeción inadecuada, ya que la excluyen.

Muchas empresas contratan las cláusulas ICC-A sin conocer las exclusiones que detallamos a continuación:

- Dolo del asegurado.
- Pérdidas de peso o volumen normales.
- Desgaste.
- Embalaje y acondicionamiento inadecuados.
- Vicio propio.
- Demoras.
- Insolvencias.
- Radioactividad.
- Guerra y huelgas (éstos dos últimos riesgos pueden cubrirse aparte).

Por norma general, la estiba (acondicionamiento inadecuado), no se encuentra incluida entre las coberturas del seguro de mercancías.

Emisora

La empresa asegurada, interesándose por las coberturas contratadas y la inclusión o no de determinados riesgos, como la mala estiba de la mercancía, por ejemplo.

Según el artículo 56 de la Ley del Contrato de Seguro, pueden concertar el seguro de transporte quien detente la propiedad del vehículo o de las mercancías transportadas, las agencias de transportes, el comisionista de transporte, y todos los que tengan interés en la conservación de las mercancías, expresando en la póliza el concepto en que se contrata el seguro.

Reglamentación

- Ley 50/80 de Contrato de Seguro, de 8 de octubre.
- Ley 20/2015 de 14 de julio de Ordenación, Supervisión y Solvencia de las Entidades Aseguradoras y Reaseguradoras.
- Ley 7/2004, de 29 de octubre, en lo relativo a la regulación del estatuto legal del Consorcio de Compensación de Seguros.
- Las condiciones generales del seguro de transporte terrestre de mercancía en su artículo 3 dedicado a los riesgos excluidos, excluye las pérdidas y daños que sean causados a consecuencia, entre otros, de «defecto o insuficiencia de envases o embalajes» (apartado 1.7) y «mala estiba o estiba inadecuada» (apartado 2.3), en tanto que las condiciones especiales del Institute Cargo Clauses contemplan como riesgos excluidos las pérdidas causadas por la insuficiencia o inadecuación del embalaje o preparación del objeto asegurado, aclarando que se entenderá por «embalaje» la estiba dentro de un contenedor o remolque, pero solamente cuando dicha estiba se lleva a cabo con anterioridad al inicio de esta cobertura por la parte asegurada o sus dependientes (folio 205-206).

Modelo de solicitud de aclaración de coberturas a la compañía aseguradora

Remitente:
Domicilio:

Empresa destinataria:
Domicilio:
A la atención de:

Apreciados,
Sirva la presente para solicitar información sobre la cobertura por "embalaje o acondicionamiento inadecuado", dentro de nuestra póliza flotante de mercancías, núm. __________.

En concreto, desemos conocer con detalle los siguientes términos:

1. Si esta cobertura se encuentra activa en nuestra póliza.
2. Si hay algún tipo de franquicia al respecto o algún condicionado particular de la misma.
3. Si soporta el 110 % del valor de la factura.
4. Pasos y requerimientos para tramitar este tipo de casos.

Agradeciendo su colaboración de antemano, reciban cordial saludo.

Firma
Nombre
Cargo

En _________, a___, de_________ de 20__

Definición

El modelo de reclamación al transportista es un documento para solicitar una indemnización por daños producidos en la mercancía durante el transcurso del transporte.

La regla general para conocer los plazos es acudir al contrato o los términos y condiciones de venta.

Procedimiento

La empresa destinataria deberá establecer una reserva en la carta de porte y proceder a reclamar dentro de los siete días siguientes a la recepción de la mercancía (daños no visibles) y en el momento de la entrega (cuando el daño es visible).

Es aconsejable siempre tomar fotografías de la mercancía dañada antes de descargar, a fin de que quede constancia de que el daño no se ha producido en la descarga o por almacenamiento inadecuado.

Emisora

La empresa destinataria a la entrega de las mercancías en un plazo máximo de siete días (en daños ocultos). Ocasionalmente también puede realizarlo la empresa expedidora como requisito para la tramitación de siniestro con su seguro de mercancías.

Reglamentación

Artículo 30. Convenio CMR

1. Si el destinatario recibe la mercancía sin verificar contradictoriamente su estado y manifestar su protesta, o si en el mismo momento de la entrega en caso de pérdidas o averías manifiestas, o dentro de los siete días desde la fecha de la entrega en caso de averías o pérdidas no manifiestas, descontando domingos y festivos, no expresa sus reservas al transportista indicando la naturaleza general de la pérdida o avería, se presumirá, salvo prueba en contrario, que ha recibido las mercancías en el estado descrito en la carta de porte. Estas reservas deberán ser hechas por escrito en el caso de tratarse de averías o pérdidas no manifiestas.
2. Cuando el estado de la mercancía ha sido verificado contradictoriamente por el destinatario y el transportista, la prueba contraria al resultado de esa verificación no podrá ser realizada más que si se trata de pérdidas o averías no claras y siem-

pre que el destinatario haya dirigido reservas escritas al transportista en el plazo de siete días, descontados domingos y festivos, a partir de esta constatación.

3. Un retraso en la entrega no dará lugar a indemnización más que en el caso de que se haya dirigido reserva por escrito en el plazo de veintiún días a partir de la puesta de la mercancía a disposición del destinatario.

4. La fecha de entrega o, según el caso, la de la contestación a la puesta a disposición, no está incluida en los plazos previstos en este artículo.

5. El transportista y el destinatario se darán recíprocamente toda clase de facilidades razonables para las constataciones y verificaciones necesarias.

Modelo de reclamación de daños en la mercancía a la empresa transportista

Remitente:
Domicilio:
NIF:

Empresa destinataria:
Domicilio:
CIF:
A la atención de:

N. Ref.
Asunto:
Reclamación daños a la mercancía
Fecha del siniestro:

Apreciados,

Remitimos la presente con el fin de formalizar una reclamación por el siniestro acaecido en fecha ____________ .

Los hechos son los siguientes:

El pasado ___________ se cargó en nuestras instalaciones en ___________, sitas en ___________, con destino a __________________, su camión con matrícula ___________ .

Una vez presentado el camión a la descarga en el punto de destino, sito en ____________, se pudo observar que parte del material presentaba roturas debido al transporte.

Adjuntamos a la presente los siguientes documentos:

- Fotografías del material siniestrado.
- Cotización de los daños presentados.
- Factura del material siniestrado.
- Albarán.
- Orden de carga.

Tan pronto dispongamos de la cotización del material siniestrado, se la remitiremos.

Por lo anterior, ponemos en su conocimiento este siniestro, habida cuenta de su intervención, en calidad de responsable de los daños, a los efectos legales de formular **<u>reclamación ante ustedes.</u>**

Atentamente,

Firma
Nombre
Cargo

En ___________, a___, de ___________ de 20__

28 Comunicación siniestro a la compañía aseguradora

Definición

Documento para comunicar al seguro un siniestro de mercancías.

Emisora

La comunicación de siniestro la realiza normalmente la empresa expedidora de la carga hacia su compañía aseguradora.

Procedimiento

1. Tomar fotografías en el mismo lugar del siniestro o a la recepción de la mercancía. En caso de no detectarse durante la descarga, se dispone de un plazo de siete días. Pasado este tiempo, no se puede reclamar.
2. Es recomendable tomar los datos con un modelo de informe 8D para concretar las causas del siniestro.
3. Recopilar la documentación necesaria:

   - Conocimiento de embarque (BL), en el transporte marítimo, o carta de porte CMR, en el transporte internacional por carretera.
   - Factura comercial.
   - Lista de embarque.
   - Albaranes (si existiesen reservas).
   - Origen y destino del material.
   - Breve relato de los hechos.
   - Fotografías, tanto de la mercancía afectada como del contenedor.

4. Dar parte del siniestro a la compañía aseguradora con la que se haya contratado la póliza. En caso de haber nombrado una correduría, se deberán dirigir las comunicaciones a esta para que gestionen el siniestro con la aseguradora.
5. Se bloqueará la mercancía en una zona segura hasta que se realice la peritación oportuna.
6. Cuando se haya realizado la peritación, hay que consultar con la aseguradora si se puede disponer de la mercancía «útil» y qué hacer con la mercancía dañada.

Registro de la incidencia

Es recomendable crear un sistema de clasificación de daños a las mercancías, bien en el sistema de gestión corporativa, o bien en la intranet de la empresa.

Además, deberá crearse una base de datos de incidencias y reclamaciones a la compañía aseguradora, que sirva para dar seguimiento a las reclamaciones abiertas, gestión de indemnizaciones y franquicias, pagos de IVA, y generación de estadísticas.

Reglamentación

- Artículo 16 de la Ley de Contrato de Seguro.
- Sentencia del Tribunal Supremo de 16 de octubre de 2003, de 5 de julio de 1990.
- Sentencia de la Audiencia Provincial de Cantabria de 10 de noviembre de 2005.
- Audiencia Provincial de Madrid de 19 de julio de 2005.
- Sentencia del Tribunal Supremo de 20 de abril de 2016.

No basta que el asegurado comunique el siniestro a la compañía aseguradora para considerar que ha cumplido con la obligación que le viene impuesta en el artículo 16 de la Ley del Contrato de Seguro.

La información que obligatoriamente la parte asegurada o tomadora debe proporcionar a su aseguradora, será la que tenga una relación directa con el siniestro y se considere razonable en atención a las circunstancias del supuesto, el tipo de seguro de que se trate y el tipo de siniestro que concurra; todo ello teniendo en cuenta que la consecuencia prevista para el incumplimiento de la información sobre el siniestro supone la pérdida del derecho a la indemnización de un siniestro que sí estaba cubierto por la aseguradora.

Modelo de comunicación de un siniestro a la compañía aseguradora

Remitente:
Domicilio:

Empresa destinataria:
Domicilio:
A la atención de:

Núm. póliza:
Asunto: Accidente daños a la mercancía.

Apreciados,
Por la presente les comunicamos el siniestro ocurrido en fecha _________ en _________ (_________), en nuestras instalaciones de _________, en relación con la **póliza de seguro de daños número** _________, contratada con ustedes con los siguientes datos:

Empresa:
Dirección:
Teléfono:
CIF:

Lugar del siniestro:
Fecha del siniestro:
Hora:

Descripción del siniestro:
Los hechos se produjeron cuando _________, produciéndose daños en _________, consistentes en _________, siendo estos valorados en la cantidad de _________ €.

Persona de contacto:
Nombre:
Dirección:
Teléfono:

Adjuntamos a la presente la siguiente documentación:

1 _________
2 _________
3 _______

Atentamente,

Firma
Nombre
Cargo

En _________, a___, de_________ de 20__

Definición

Los términos y condiciones de venta son un conjunto de normas que una empresa redacta y que deberán aceptarse por quien desee recibir su producto o servicio.

Es importante la elaboración de unos términos y condiciones de venta adecuados respecto a los servicios y bienes que se ofrezcan a otras personas, y se deberá solicitar la aceptación a los mismos (indicándolo en el contrato de compraventa y formando parte del mismo, incluyéndolos en la web o tienda electrónica, etc.).

Emisora

Generalmente la empresa vendedora, cuando el servicio se ofrece a un gran número de personas, de forma puntual o por medios electrónicos.

Procedimiento

Los términos y condiciones deben indicarse en un lugar accesible y visible. Por ejemplo, si un servicio es en línea, se pueden establecer los términos y condiciones en una ventana emergente tan pronto como una persona usuaria acceda a la web por primera vez. Es aconsejable que tengan un título, una declaración inicial y un formato que sean claros y atractivos para facilitar su lectura.

Los términos y condiciones deben de ser aceptados de manera activa, es decir, el silencio o la falta de contestación no es válida, de modo que deben aceptarse antes de recibir el servicio. Por ejemplo, en el caso de una web, se debe solicitar hacer clic o marcar una casilla que diga «He leído y acepto los términos y condiciones», antes de que se pueda contratar el servicio o producto.

También puede hacerse referencia en el albarán o contrato de compraventa, por medio del cual la parte compradora acepta los mismos.

Reglamentación

Convenio de Viena 1980

Modelo de términos y condiciones de venta

Entrega de las mercancías

El cliente deberá de examinar la mercancía en el momento de su recepción, comunicando por escrito inmediatamente a la empresa vendedora cualquier defecto externo y aparente que pudiera observar. La reclamación, deberá acompañarse de fotografía de la mercancía o del producto antes de proceder a su descarga.

Las entregas de materiales se entenderán verificadas por la simple puesta de los mismos a disposición de la parte compradora, en las instalaciones de la vendedora.

Los defectos ocultos, o no visibles de forma a aparente a su descarga, deberán ser puestos en conocimiento de la empresa vendedora en el plazo improrrogable de 30 días naturales desde su recepción.

Transporte y embalaje

Los gastos, portes y riesgos del transporte, son por cuenta del cliente, aunque el transporte se realice por medios, encargo o gestión de la empresa vendedora, entendiéndose que el porte concertado con la empresa transportista lo es como mandatario del cliente.

Requerimientos de seguridad

El cliente cumplirá en todo momento con la normativa que resulte de aplicación respecto de la aplicación, manipulación, almacenamiento, fabricación y disposición de los productos comercializados por la empresa vendedora.

El cliente, seguirá escrupulosamente las instrucciones de almacenaje y manipulación del producto, así como las fichas de descarga y desestiba proporcionadas, como directriz básica en la manipulación del material. La empresa vendedora no aceptará reclamación alguna derivada de pérdida, deterioro o daño sufrido como consecuencia de la no observancia de dichas instrucciones.

El cliente declara conocer que la descarga, la manipulación y el almacenaje de los productos, debe realizarse conforme a las instrucciones y fichas que previamente al transporte le ha facilitado la empresa vendedora.

Los productos son totalmente seguros si son manipulados y tratados de acuerdo con dichas fichas, que pueden también consultarse en nuestra web.

Reclamaciones

Fuera de los supuestos derivados de falta de conformidad de los productos, cualquier reclamación por daños y perjuicios formulada por el cliente queda expresamente excluida cuando no medie culpa grave o dolo.

La responsabilidad contractual de la empresa vendedora queda limitada al valor de la compra de los productos.

La empresa vendedora en ningún caso responderá frente al cliente por lucro cesante, pérdida de ingresos, costes de inactividad ni, en general, de pérdidas de cualquier clase que pudiera sufrir derivadas de la no entrega o de la entrega defectuosa de los productos.

El cliente será el único responsable, exonerando en lo procedente a la empresa vendedora, por los daños que se deriven de un inadecuado uso, descarga, desestiba, manipulación, almacenamiento o conservación de los productos.

A tal efecto, la empresa vendedora ha facilitado al cliente toda la documentación e instrucciones necesarias para un uso seguro y correcto de los productos

30 Pictogramas para la manipulación y descarga de la mercancía

Definición

Son una serie de símbolos que permiten comprender, independientemente del lenguaje escrito, las características de preservación referentes al contenido de una carga, con el fin de transmitir prescripciones de manipulación sin que ocurran daños.

Los símbolos deben ser grafiados en color negro sobre un fondo claro (preferiblemente blanco). El tamaño de las marcas debe ser de 10 cm, 15 cm o 20 cm, a menos que las piezas por marcar sean más pequeñas.

No se deben reemplazar por textos. Si se desea hacerlo, se deben utilizar los textos de manera complementaria y colocarlos en los idiomas correspondientes a los países de destino y de intercambio del modo de transporte.

Emisora

La empresa expedidora deberá indicarlos en sus embalajes para indicar a la empresa transportista y la destinataria cómo manipular la carga.

Reglamentación

- Norma ISO 780:1990.
- La norma ISO 7000 especifica los diferentes tipos de marcado y rotulado de los bultos (mediante códigos, etiquetas o caligrafía manual, por ejemplo) para facilitar su manejo en el momento de ser monitoreados.

SÍMBOLOS PARA LA MANIPULACIÓN DE ENVASES Y EMBALAJES

Símbolo	Instrucción	Significado	Símbolo	Instrucción	Significado
	Frágil	El contenido del embalaje es frágil y se debe manejar con precaución		No usar carretilla elevadora	La carga no se debe manipular con carretilla elevadora
	No usar garfios	No se pueden usar garfios en el manejo de la carga		Colocar mordazas aquí	Colocar las abrazaderas en los lados que se indica para manipular la carga
	Mantener vertical	La unidad de carga se debe mantener en posición vertical		No colocar mordazas aquí	No colocar las abrazaderas en los lados que se indica al manipular el embalaje
	Proteger de la luz solar	La carga no se debe exponer a la luz solar u otras fuentes de calor	kg máximo	Apilamiento limitado	Indica el peso máximo posible sobre la unidad de carga
	Proteger de fuentes radioactivas	La mercancía se puede deteriorar o quedar inutilizada si se expone a radiaciones		Apilamiento limitado por número	Número máximo de embalajes iguales que se pueden apilar (n=número máx)
	Mantener a resguardo de la lluvia	La carga debe mantenerse en un ambiente seco		No apilar	No se debe apilar ninguna otra carga encima
	Centro de gravedad	Indica el centro de gravedad de la unidad de carga		Eslingas aquí	Indica dónde se deben emplazar las eslingas para elevar la carga
	No rodar ni inclinar	La carga no se debe rodar ni inclinar o balancear		Límites de temperatura	Límites de temperatura entre los que se debe conservar y manipular la carga
	No manipular con las horquillas en esta cara	Caras de la unidad de carga donde no se deben colocar las horquillas de las carretillas manuales			

31 Albarán de entrega

También conocido como «nota de entrega», es un documento que acredita la entrega de una mercancía a la empresa compradora o consignataria, así como la salida de los productos del almacén de la empresa vendedora, y debe ser firmado y sellado en destino por quien reciba las mercancías.

El uso del albarán de entrega, aunque no es obligatorio, es muy habitual para probar la entrega de la mercancía en una operación de compraventa por parte de la empresa transportista.

En el supuesto de una disputa judicial, es importante contar con este tipo de documentos para verificar el cumplimiento de un contrato o como forma de prueba o evidencia.

Emisora

La empresa vendedora.

Receptora

La empresa destinataria de las mercancías o la transportista a fin de acreditar la entrega de las mismas.

Reglamentación

A diferencia de las facturas, no existe regulación que afecte al albarán de entrega, y por tanto no hay ningún formalismo o contenido que sea obligatorio.

No obstante, como normas complementarias, cabe citar:

- Ley 15/2009, de 11 de noviembre, del Contrato de transporte terrestre de mercancías.
- Reglas Incoterms 2020.

Modelo de albarán de entrega

Albarán n.º: A-224

Fecha: 13/09/2019

Cliente:
Distribuciones Alimentarias, SA
Avda. Miguel Hernández, 345
36201 Vigo

Cantidad	Bruto kg	Env.	Descripción	Lote
800 kg	872,00	160	Ajo Spring Violeta 1ª60-65 Pelado caja cartón 5 kg	119381001
750 kg	817,00	160	Ajo Spring Violeta 1ª60-65 Pelado en bolsa 1 kg	117292010

Observaciones
DEKG12/2019

ES-108224

Recibí:

32 Factura comercial

Definición

Es el documento más importante del circuito documental de una compraventa. En ella se detalla el concepto, la cantidad y el importe de los productos o servicios vendidos, las condiciones de entrega y de pago, así como los impuestos y demás gastos que genere la compraventa.

Mediante el original de la factura, la empresa compradora o importadora declara ante la autoridad fiscal de su país el importe que debe abonar, a quién lo abona y la forma de pago que se ha concertado. Para la vendedora o exportadora supone la prueba documental de las ventas que ha realizado, ya sea al mercado nacional o a mercados exteriores.

En las operaciones con terceros países, forma parte de la declaración aduanera, sobre la cual se debe abonar, a la entrada de los productos en el país, los impuestos y derechos arancelarios que se aplican. En las operaciones intracomunitarias la factura comercial internacional sirve como declaración de la transacción y exoneración de los impuestos para el cumplimiento de las condiciones básicas en la liquidación de impuestos.

El contenido de la factura comercial debe ser:

- Referencia al pedido o factura pro forma.
- Fecha, nombres y direcciones comerciales de las empresas compradora y vendedora.
- Denominación precisa, cantidad de la mercancía y precio.
- Datos necesarios para la determinación de la base imponible de aranceles y tasas.
- Tipos impositivos.
- Precio unitario y total de la mercancía en la divisa pactada.
- Forma y condiciones de pago.
- Regla Incoterms 2020 acordada.
- Número de identificación fiscal (en caso de operaciones intracomunitarias).

También puede ser de interés incluir:

- Forma y plazo de pago.
- Origen de las mercancías.
- Medio de transporte pactado.

– Código TARIC (clasificación arancelaria, a título informativo.)
– Cláusulas de dominio.

Emisora

La empresa vendedora o exportadora, una vez confirmada la operación de compraventa (previo envío de factura proforma).

Receptora

La empresa compradora o importadora, una vez abonado el precio pactado para las mercancías, así como las autoridades aduaneras.

Reglamentación

- Real Decreto 1619/2012, de 30 de noviembre, que aprueba el Reglamento por el que se regulan las obligaciones de facturación (BOE, 1 de diciembre de 2012).
- Orden EHA/962/2007, de 10 de abril, por la que se desarrollan determinadas disposiciones sobre facturación telemática y conservación electrónica de facturas, contenidas en el Real Decreto 1496/2003, de 28 de noviembre, que aprueba el reglamento por el que se regulan las obligaciones de facturación.
- Real Decreto 1619/2012, de 30 de noviembre, que aprueba el Reglamento por el que se regulan las obligaciones de facturación.
- Real Decreto 1496/2003, de 28 de noviembre, que aprueba el Reglamento por el que se regulan las obligaciones de facturación y se modifica el Reglamento del Impuesto sobre el Valor Añadido.
- Reglamento Comunitario que desarrolla el Código Aduanero (Reglamento CEE 2454/93).
- Reglamento (CEE) 2913/92 del Consejo.

Modelo de factura comercial / *Commercial invoice*

Factura / *Invoice:* Número de factura
Fecha / *Date:* Fecha de la factura

Empresa compradora / *Invoice address* Dirección fiscal, NIF/VAT y nombre empresa compradora	**Entrega / *Delivery terms* (Incoterms)** Condiciones de entrega (reglas Incoterms) de acuerdo con el contrato de compraventa
Dirección entrega / *Ship to* Indicar dirección de la entrega **Persona de contacto / *Contact person*** Nombre y apellidos de la persona de contacto a quien hacer la entrega **Teléfono / *Phone*** Número de teléfono de la persona de contacto	**Referencia contrato / *Delivered under*** Número y fecha del contrato de compraventa **Condiciones de pago / *Payment terms*** Señalar las condiciones de pago, según lo recogido en el contrato de compraventa

Ítem *Item*	Descripción *Description*	Origen *Origin*	Peso neto *Net weight*	Arancel *HS Code*	Unidades *Qty (pieces)*	Precio unit. *Unit price*	Total *Total price*
1.	Descripción detallada del contenido Motivo del envío Tipo de material Marca, modelo, serie, pieza, detalles técnicos, composición	País de origen Nombre del fabricante	Peso neto (kg)	Aportar partida arancelaria	Número de unidades	Indicar el valor unitario de la mercancía Adjuntar factura o tique de compra	Valor total del contenido
2.							
						Total (€)	Valor total (A)

Seguro / *Insurance cost* (€):	Indicar el coste del seguro, en caso de que el envío haya sido asegurado (B)
Transporte / *Freight cost* (€):	Indicar el coste de transporte en USD (para las reglas Incoterms DDU, CPT, CIP, CIF) (C)
Importe total / *Total for payment* (€):	Indicar coste total: (A) + (B)+ (C) para las reglas Incoterms DDU, CPT, CIP y CIF

Peso bruto / *Gross Weight* (kg):	Indicar el peso bruto total

Firma y sello / *Signed by:*	Firma autorizada y sello de la empresa

33 Factura aduanera

Definición

La factura aduanera es un documento que reúne la información de una exportación, en la que se detalla el concepto, la cantidad y el importe de los productos vendidos. Generalmente, su finalidad es estadística o informativa, y es exigida por las aduanas de algunos países. Este documento puede llegar a sustituir a la factura comercial, e incluso a la consular.

Mediante la entrega del original de la factura aduanera, la empresa importadora declara ante la autoridad fiscal de su país el importe que debe abonar, a quién lo abona y qué forma de pago se ha concertado. A diferencia de la factura comercial, este documento debe pasar el trámite de la legalización y ser visada por un consulado en España del país destinatario de la exportación.

Emisora

La empresa exportadora.

Solicitante

La aduana de algunos países importadores a fines estadísticos o informativos.

Contenido

En la factura aduanera deben constar los siguientes datos:

- Lugar y fecha.
- Número de la factura.
- Indicación de la naturaleza general de las mercancías.
- Nombre de la empresa vendedora.
- Nombre de la empresa compradora.
- Nombre de la empresa transportista.
- País de origen de la mercancía.
- Marcas, números y tipos de bultos.
- Cantidad y descripción de las mercancías.
- Precio unitario de venta para la persona compradora.
- Las observaciones que se consideren oportunas.

Reglamentación

- Reglamento Comunitario que desarrolla el Código Aduanero (Reglamento CEE 2454/93).
- Reglamento (CEE) 2913/92 del Consejo.
- XII Convenio de La Haya, de 5 de octubre de 1961, por el que se suprime la exigencia de legalización de los documentos públicos extranjeros que deban surtir efectos en otro país firmante del mismo.
- Información apostillas: Centro de Atención al Ciudadano del Ministerio de Justicia.
- Información legalizaciones: Ministerio de Asuntos Exteriores y de Cooperación.

Modelo de factura aduanera

1. Customs invoice - **Select one of the 2 options below as a reason for the shipment:**

commercial ◯▶ Invoice number of the sale
Select this option if your
shipment is a **sale**.
Provide here the invoice number

non-commercial ◯▶ Value for customs purpose only
Select this option if your
shipment is **not a sale**
Further below you need to provide the value of **each**
item. This value is **mandatory** and it can never be 0€ (zero).
Provide the real value to avoid issues with customs authorities.

2. Sender information - From

private person ◯▶ Tax ID - ID Number / passport

company ◯▶ Company name

VAT number

Full name - name and surname

Address - street - number

Postal Code   City

Country   Phone number

3. Receiver information - To

private person ◯▶ National ID - ID number

company ◯▶ Company name

VAT number

Full name - name and surname

Address - street - number

Postal Code   City

Country   Phone number

4. Inventory of contents - Detailed inventory of the content of the shipment

Detailed description in English (incl material, brand, size, etc)	Tariff number	Country of origin	Nº Items	Item value	Subtotal
				€	0,00 €
				€	0,00 €
				€	0,00 €
				€	0,00 €
				€	0,00 €
				€	0,00 €
				€	0,00 €
				€	0,00 €
				€	0,00 €
				€	0,00 €

Find the tariff Number at: www.tariffnumber.com   Overall Total: 0,00 €

5. Reason for export - Select the reason for the export

purchase or sale ○   documents ○

personal belongings ○   return ○

sample ○

6. Shipment details - Details of the shipment

Number of parcels   Total parcel(s) weight

[   ]   [   ] kg

Terms of delivery (Icoterms): DAP

7. Declaration of dual use

I declare that the goods indicated in the invoice are not included in CE 428/2009 European Council appendices (and its updates), and are not intended for dual-use technology or any other military use under any circumstances.

no ○▶ you cannot ship the goods

yes ○

8. CITES Declaration

I declare that the materials shipped are not governed by the Washington Convention on International Trade in Endangered Species of Wild Fauna and Flora as well as in the attached list of R / CE 338/1997 and its latest amendments.

no ○▶ you cannot ship the goods

yes ○

9. Permanent export

I declare that I understand that the service only includes permanent export, and does not include temporary exports.

no ○▶ you cannot ship the goods

yes ○

Full name - name and surname   City   Date - (dd / mm / aa)

I, [   ] declare in [   ] on [   ]

that the information contained in this invoice is true and correct.

Signature

[   ]

Definición

La factura consular es un documento emitido, de manera extraordinaria, para estipular el tipo de arancel aplicable a un producto. Es común en países latinoamericanos, pero puede ser requerido por las aduanas de otros países en las compraventas internacionales.

En su defecto, puede utilizarse la factura comercial visada por el consulado que corresponda.

Su finalidad es la de verificar el valor, la cantidad y el origen de la mercancía cuando se realiza el despacho aduanero, puesto que sobre su base se determina el tipo de arancel de la mercancía.

Dependiendo del país receptor de las mercancías, el modelo de factura consular variará, ya que no existe ni un documento único ni un modelo establecido.

Emisora

- La empresa exportadora, cuando se usa la factura comercial, aunque con el visado del consulado del país importador en el país de origen de la mercancía.
- El consulado del país al que la mercancía se envía, ubicado en el país de la empresa exportadora, que la emite previo pago de un importe fijado por este.

Receptora

La autoridad aduanera del país importador.

Reglamentación

- Real Decreto 1619/2012, de 30 de noviembre, por el que se aprueba el Reglamento que regula las obligaciones de facturación (BOE, 1 de diciembre de 2012).
- Orden EHA/962/2007, de 10 de abril, por la que se desarrollan determinadas disposiciones sobre facturación telemática y conservación electrónica de facturas, contenidas en el Real Decreto 1496/2003, de 28 de noviembre, por el que se aprueba el reglamento que regula las obligaciones de facturación.
- Real Decreto 1619/2012, de 30 de noviembre, con el Reglamento por el que se regulan las obligaciones de facturación.
- Real Decreto 1496/2003, de 28 de noviembre, con el Reglamento por el que se regulan las obligaciones de facturación y se modifica el Reglamento del Impuesto sobre el Valor Añadido.

- Reglamento Comunitario que desarrolla el Código Aduanero (Reglamento CEE 2454/93).
- Reglamento (CEE) 2913/92 del Consejo.
- XII Convenio de La Haya, de 5 de octubre de 1961, por el que se suprime la exigencia de legalización de los documentos públicos extranjeros que deban surtir efectos en otro país firmante del mismo.

Modelo de factura consular

FACTURA CONSULAR

EMPRESA VENDEDORA

Contoso, Ltd
567 First Street
Cherryville, WA 12345
(888) 555-0104
(888) 555-0105

EMPRESA COMPRADORA

Instituto de diseño gráfico
2345 Main Street
Gateway, OH 12345
(509) 555-0192
(509) 555-0193

VENDEDOR	NÚMERO DE ORDEN DE COMPRA	FECHA	PAQUETES	ENVIADO
Cecilia Cornejo	123	1/1/2012	1	USPS

TÉRMINOS	FOB/INCOTERMS	DESCRIPCIÓN
Ninguno	Flete prepago	Destino PERU

CANTIDAD	DESCRIPCIÓN	PRECIO UNITARIO	CANTIDAD
1	Resma de papel	15.00 €	15.00 €
5	Escritorio, montado en el piso	275.00 €	1,375.00 €
5	Computadoras intel	95,030.00 €	475,150.00 €

Subtotal	476,540.00 €
Tasa del impuesto	8%
Impuesto	35,740.50 €
Otros	0.00 €
Total	**512,280.50 €**

TÉRMINOS DEL CONTRATO

Enumere aquí los términos específicos del
contrato.

Definición

Este documento constituye una declaración de la empresa exportadora sobre el país de origen de las mercancías, o en el que se ha llevado a cabo la mayor parte de la fabricación de las mismas o del valor del producto. Una práctica frecuente es considerar que si el coste de producción de las mercancías fabricadas en un país supera el 50 % de su valor total, ese país es aceptable como el país de origen.

Hay dos tipos de certificados: los que acreditan el origen en un país de la UE y los que lo hacen sobre un tercer país. En este último caso, deberán aportarse las siguientes pruebas de origen: factura de fabricante, documento único administrativo (DUA) de importación o certificado de origen de fabricante. En caso de no disponer de estos documentos, se puede aportar una declaración del expedidor (se incluye un modelo en este apartado).

Finalidad

Servir como prueba respecto el origen de los productos para la aduana del país importador (determinar impuestos y aranceles), o para la entidad financiera mediante la cual se instrumenta la operación.

Emisora

Las cámaras de comercio expiden los certificados de origen no preferencial para mercancías destinadas a la exportación. Sin embargo, en algunos países, lo realizan los ministerios o las autoridades aduaneras.

Si quien expide el certificado de origen es diferente de la empresa que aparece en la solicitud de ingreso, se deberá aportar una autorización (se incluye un modelo en este apartado).

Receptora

La empresa cliente, la aduana o las entidades financieras.

Reglamentación

- Ley 4/2014, de 1 de abril, Básica de las Cámaras Oficiales de Comercio, Industria, Servicios y Navegación.

- Reglamento Comunitario que desarrolla el Código Aduanero (Reglamento CEE 2454/93).
- Reglamento (CEE) 2913/92 del Consejo.
- Las cámaras de comercio facilitan en sus webs corporativas modelos de certificados de origen, instrucciones para su cumplimentación y una guía para la expedición de este documento.

Modelo de autorización de certificado de origen

Hoja membrete empresa expedidora
Contacto empresa expedidora

A la Cámara Oficial de Comercio, Industria y Servicios de Madrid
Área de Gestión Documental de Comercio Exterior
Plaza de la Independencia, 1
28001 Madrid

La empresa____, con domicilio social
en____
en____________________________CP_______ (Madrid), y CIF _____________, por la
presente

AUTORIZA:

A (nombre de la gestoría/transitaria/mediataria_______________) con
CIF________________ a actuar en nombre propio y por cuenta ajena, a realizar los
trámites necesarios para solicitar certificados de origen y legalizaciones de
documentos para la exportación.

Y para que así conste ante la Cámara Oficial de Comercio, Industria y Servicios de
Madrid, firmo la presente.

En Madrid, a ________de_____________de 20__

(Sello y firma del administrador de la empresa solicitante/expedidora)

Modelo de declaración del expedidor

Don/Doña   con DNI   como gerente/apoderado/administrador de la empresa

con domicilio en   y NIF

con capacidad legal suficiente para la realización de este acto, en nombre y representación de la empresa arriba indicada, MANIFIESTA EXPRESAMENTE ANTE LA CÁMARA OFICIAL DE COMERCIO, INDUSTRIA Y SERVICIOS DE MADRID :

- Que conoce la normativa aplicable a los certificados de origen y a las normas de origen de las mercancías

- Que, para acreditar el origen de las mercancías, **la empresa dispone de los documentos acreditativos del lugar de fabricación de los productos, tales como DUAs, Certificados de Origen expedidos por autoridades de otros territorios aduaneros, facturas de compra de los mismos, declaraciones de proveedor, cualquier otra prueba de origen establecida por el vigente Código Aduanero Comunitario y demás documentación justificativa.**

- Que, por el volumen de operaciones de exportación y venta, y otras circunstancias de la actividad internacional de la empresa, resulta una gran carga administrativa la aportación de toda esta documentación, justificativa del origen de las mercancías, para cada una de las solicitudes de expedición de Certificados de Origen y/o legalización de documentos.

Por ello, DECLARA:

Que obran en su poder los documentos arriba indicados y se compromete a facilitarlos a la Cámara de Comercio de Madrid, en el plazo que esta establezca. Así mismo declara, que todos los datos contenidos en las solicitudes de Certificados de Origen y en todos los documentos aportados para su legalización, son ciertos y su veracidad demostrable en cualquier momento y que, en consecuencia, exime expresamente a la citada Cámara de cualquier responsabilidad en que pudiera incurrirse por la inexactitud de los datos contenidos en la solicitud del Certificado de Origen, en los documentos legalizados o la falta de cumplimiento del compromiso aquí suscrito.

Madrid,   de   de 20

(Firma y sello de la empresa)

La presente declaración deberá ser presentada, junto con los poderes notariales que otorgan facultades de representación, de la empresa arriba indicada, al firmante de esta escrito, salvo que esta condición haya sido previamente acreditada en la misma Cámara donde se presenta este escrito.

1. Expedidor, *Expéditeur*, Consignor المرســـل 发货人	N.º 9133456	ORIGINAL

91E 12337L

COMUNIDAD EUROPEA
COMMUNAUTE EUROPEENNE EUROPEAN COMMUNITY
المجموعـة الاقتصاديـة الاوروبيـه
欧 洲 共 同 体

CERTIFICADO DE ORIGEN
CERTIFICAT D'ORIGINE CERTIFICATE OF ORIGIN
شــهادة المنشــأ 原产地证明

2. Destinatario, *Destinataire*, Consignee المرســل الـه 收货人

3. País de origen, *Pays d'origine*, Country of origin بلد المنشــأ 原产国

SPAIN

4. Informaciones relativas al transporte (Mención facultativa)
Informations relatives au transport (Mention facultative)
Transport details (Optional) مرسلـه بواسطه 运输情况

BY VESSEL

5. Observaciones, *Remarques*, Remarks ملاحظــات 注备

6. N° de orden, marcas, numeración, número y naturaleza de los bultos, designación de las mercancías
N.° d'ordre, marques, numeros, nombre et nature des colis, désignation des marchandises
Item number, marks, number and kind of packages, description of goods
مواصفات البضاعة ,رقم المسلسل ,العلامة ,رقم الطرود ,عدد وطبيعه الطرود
序号;商标;号码;包装件数量和性质;商品种类:

7. Cantidad
Quantité
Quantity
الكميــة 数量

FRESH PEELED GARLIC

TOTAL BOXES: 2.560
CONTAINER: TTNU8415660

TOTAL   **23.224 Kg**

8. La autoridad que suscribe certifica que las mercancías designadas son originarias del país que figura en la casilla n.º 3
L'autorité soussignée certifie que les marchandises désignées ci-dessus sont originaires du pays figurant dans la case n.º 3
The undersigned authority certifies that the goods described above originate in the country shown in box 3
تشهد السلطة الموقعة ادناه ان البضائع المذكوره أعلاه مصدرها البلاد المذكوره في الحقل رقم 3
签发该证当局证实上述商品原产于第3栏内所注明的国家

Cámara Oficial de Comercio, Industria, Servicios
y Navegación de Alicante - Delegación Elche

Elche   - 7 JUN 2019   (Firma)

RAQUEL MEDINA ANTÓN
Aux. Administrativo

Lugar y fecha de expedición, nombre, firma y sello de la autoridad competente
Lieu et date de délivrance, désignation, signature et cachet de l'autorité compétente
Place and date of issue, name, signature and stamp of competent authority
مكان ,وتاريخ وتسمية وتوقيع وختم السلطة المختصة 发证地点和日期;发证当局的名称,签字和印章

Model of certificate of Origin

Invoice Number(s): ___________________________

Exporter Name: _______________________________ Name of Shipping Company: ___________________

Complete Address: ____________________________ Complete Address: __________________________

Location

Name of Consignee

Transport Information

Invoice Information

| **File Numbers** |
| Address |
| Shipping Number |
| Country of Origin |

Description of Merchandise:

____
____
____
____
____
____
____
____
____

Quantity of Merchandise:

____
____

Weight of Merchandise:

____
____
____

The authorizing official hereby acknowledges the specified country of origin of the merchandise listed above.

Name of Exporting Agent: ____

Authorizing Official: ____________________________ Shipper's Signature: ___________________________

Address: ____

____

Date: ----/ -----/ -------------

36 Certificado de origen FORM A

Definición

Este documento se utiliza para que determinados países en vías de desarrollo puedan acogerse a la eliminación o reducción de derechos arancelarios (Sistema de Preferencias Generalizas o SPG). Hace las veces también de certificado de origen.

Se expide una vez realizada la exportación y es un justificante a efectos de obtener las preferencias arancelarias correspondientes.

En caso de presentar a disposición de una aduana comunitaria una mercancía acogida al sistema SPG, y desear reexpedir toda o una parte de ella a otra aduana comunitaria, de Suiza o de Noruega, el certificado de origen FORM A puede ser sustituido por otro expedido por la aduana donde se han presentado las mercancías. La mercancía presentada en una nueva aduana comunitaria, de Noruega o Suiza, podrá también acogerse a este sistema SPG.

Si se produce una pérdida o robo de este documento, se puede solicitar un duplicado con la fecha de la expedición del certificado original, produciendo sus efectos a partir de esa fecha y no la del día en que se expide.

Para poder acogerse a los derechos preferenciales, los productos originarios de los países beneficiarios del SPG de la UE deben ir acompañados del propio certificado de origen FORM A o una declaración en la factura de la empresa exportadora, si el valor de la mercancía no excede de 6.000 €. Para hacer una declaración en factura, se deberá estampar o imprimir sobre la factura, el albarán o cualquier otro documento comercial, en francés o en inglés, la declaración siguiente: *"The exporter of the products covered by this document (customs authorisation No ...) declares that, except where otherwise clearly indicated, these products are of ... preferential origin according to the rules of origin of the Generalised Scheme of Preferences of the European Community"*.

La declaración en factura debe llevar la firma manuscrita de la persona interesada.

Las pruebas de origen tienen una validez de diez meses a partir de su expedición.

Emisora

La autoridad aduanera o gubernamental del país de exportación u otros organismos autorizados.

La autoridad competente del país de exportación deberá presentar el certificado a la autoridad aduanera del Estado miembro de importación en un plazo máximo de diez meses contados a partir de la fecha de expedición.

El modelo se recoge en el Anexo 17 del RAC, Reglamento 1063/2010.

Receptora

La autoridad aduanera del Estado de importación.

Reglamentación

- Reglamento SPG 978/2012, publicado en el DOUE el 31 de octubre de 2012.
- Reglamento delegado (UE) 2015/2446.
- Reglamento Ejecutivo del CAU (arts. 74 y 76).
- Reglamento (UE) 1063/2010 de la Comisión de 18 de noviembre de 2010 que modifica el Reglamento (CEE) 2454/93 por el que se fijan determinadas disposiciones de aplicación del Reglamento (CEE) 2913/92 del Consejo por el que se establece el Código Aduanero Comunitario.
- Reglamento (CE) 732/2008 del Consejo de 22 de julio de 2008 por el que se aplica un sistema de preferencias arancelarias generalizadas para el período del 1 de enero de 2009 al 31 de diciembre de 2011 y se modifican los Reglamentos (CE) 552/97 y 1933/2006 del Consejo y los Reglamentos (CE) 1100/2006 y 964/2007 de la Comisión.

Model of FORM A - Certificate of origin

1. Goods consigned from (Exporter's business name, address, country)	Reference No.
	GENERALIZED SYSTEM OF PREFERENCES **CERTIFICATE OF ORIGIN** **(Combined declaration and certificate)** **FORM A**
2. Goods consigned to (Consignee's name, address, country)	Issued in .... (country) See the instructions.

3. Means of transport and route (as far as known)	4. For official use

5. Item number	6. Marks and numbers of packages	7. Number and kind of packages: description of goods	8. Origin criterion (See instructions)	9. Gross weight or other quantity	10. Number and date of invoices.

11. **Certification**	12. **Declaration by the exporter**
It is hereby certified, on the basis of control carried out, that the declaration by the exporter is correct.	The undersigned hereby delcares that the above details and statements are correct: that all the goods were produced in .... (country) and that they comply with the original requirements specified for those goods in the Generalized System of Preferences for goods exported to .... (importing country)
.... Place and date, signature and stamp of certifying authority.	.... Place and date, signature of authorized signatory

Definición

Se trata de un documento aduanero que permite la exportación e importación temporal de mercancías entre los más de ochenta países adheridos al convenio que lo regula, sin tener que pagar ningún arancel en las aduanas extranjeras ni nacionales. El acrónimo ATA significa «admisión temporal».

Se utiliza especialmente para muestras sin valor comercial destinadas a exposiciones y ferias, muestras comerciales o para ser utilizadas como material profesional (equipos técnicos, herramientas, instrumentos musicales, etc.) necesarios para realizar una actividad.

La empresa que emplea el cuaderno ATA deberá:

- Reimportar en territorio comunitario las mercancías amparadas por el cuaderno dentro de los plazos autorizados.
- Cumplir lo dispuesto para la utilización del cuaderno ATA por las administraciones aduaneras comunitarias y los países de destino o tránsito.
- Satisfacer, en caso de venta, cesión, abandono, pérdida, robo, destrucción fortuita, omisión del trámite aduanero de reexportación, reexportación en fecha posterior al plazo autorizado de estancia en el país, etc., el importe de los derechos de importación u otras tasas a la administración aduanera del país de importación, o reembolsar a la cámara de comercio emisora todas las sumas que, en concepto de derechos de importación y tasas, deba abonar a las autoridades aduaneras del país de admisión temporal, y de cuantos gastos origine la cancelación definitiva de este documento.

Las mercancías no reexportadas desde el extranjero antes de las 00:00 horas del día de su caducidad o de la fecha señalada como «fecha límite para la reexportación» (lo que suceda primero) están sujetas al pago de impuesto en la aduana del país en el que se encuentre el producto.

El movimiento de mercancías dentro del territorio aduanero de la UE no requiere cuaderno ATA, excepto para viajar a la Comunidad Autónoma de Canarias, Ceuta y Melilla. La expedición del cuaderno ATA requiere la presentación del formulario de solicitud en las oficinas de la cámara de comercio, así como la lista de mercancías (se incluyen ambos modelos en este apartado).

Garantía

Para obtener un cuaderno ATA, en función del país de destino, es necesario depositar una garantía en la cámara de comercio para hacer frente a posibles reclamaciones aduaneras. Esta garantía puede oscilar entre el 25 y el 100 % del valor de la mercancía relacionada en el cuaderno.

Cuaderno ATA sin garantía

Si se viaja fuera de la UE, a cualquier país que no sea miembro del Convenio ATA, se puede solicitar el cuaderno sin depositar garantía, lo cual servirá para evitar el despacho aduanero comunitario. Los grupos de espectáculos que viajan a Andorra también pueden conseguir el cuaderno sin depositar garantía.

Emisora

Las cámaras de comercio, con validez únicamente para los países incluidos en el Convenio ATA. Para poder utilizarlo, la empresa depositará la garantía correspondiente en la cámara de comercio donde solicite su expedición.

Receptora

La autoridad aduanera del país receptor.

Reglamentación

- Convenio Aduanero ATA de Admisión Temporal de Mercancías, de 6 de diciembre de 1961.
- Convenio de Estambul, de 26 de junio de 1990.

Territorios que pueden ser visitados con un cuaderno ATA

En 2019, el sistema de cuadernos ATA es válido en los siguientes países:

- Albania, Alemania, Argelia, Andorra, Australia, Austria, Bahrein, Bélgica, Bielorrusia, Bosnia y Herzegovina, Brasil, Bulgaria, Canadá, Chile, China, Chipre, Corea del Sur, Costa de Marfil, Croacia, Dinamarca, Emiratos Árabes Unidos, Eslovaquia, Eslovenia, España, Estados Unidos, Estonia, Finlandia, Francia, Gibraltar (Reino Unido), Grecia, Hong Kong, Hungría, India, Indonesia, Irán,

Irlanda, Isla Mauricio, Islandia, Israel, Italia, Japón, Kazajistán, Letonia, Líbano, Lituania, Luxemburgo, Macao, Macedonia, Madagascar, Malasia, Malta, Marruecos, México, Moldavia, Mongolia, Montenegro, Noruega, Nueva Zelanda, Países Bajos, Pakistán, Polonia, Portugal, Qatar, Reino Unido, República Checa, Rumanía, Rusia, Senegal, Serbia, Singapur, Sri Lanka, Sudáfrica, Suecia, Suiza, Tailandia, Túnez, Turquía y Ucrania.

- Aunque dentro de la Unión Europea, desde un país miembro a otro país miembro, no es necesario un cuaderno ATA, no es así para las operaciones de transporte de una mercancía entre dos puntos del territorio aduanero de la UE que se efectúen parcialmente a través del territorio de un tercer país.

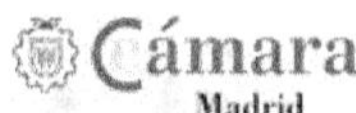

Cámara
Madrid

Cámara Oficial de Comercio, Industria y Servicios de Madrid

Formulario de solicitud de
Cuaderno ATA

Datos del Solicitante			
Nombre y Apellidos		NIF	

Solicita al servicio correspondiente de esta Cámara que expida el Cuaderno ATA para el siguiente titular.

Datos del Titular			
Nombre/Razón Social		NIF/CIF	
Domicilio			
Población		CP	
País	ESPAÑA		
Teléfono		E-mail	

El titular del cuaderno estará representado ante las aduanas por el/los siguiente/s representante/s. En caso de que el representante sea el propio titular, marcar una "X" en la siguiente casilla   para evitar la cumplimentación de los mismos datos en la siguiente tabla.

Datos del Representante/s			
Nombre/Razón Social		NIF/CIF	
Domicilio			
Población		CP	
País	ESPAÑA		
Teléfono		E-mail	
Nombre/Razón Social		NIF/CIF	
Domicilio			
Población		CP	
País			
Teléfono		E-mail	

El cuaderno se solicita para la mercancía que se detallada en documento adjunto y para el uso que se indica a continuación (convenio, país/es, Nº de viajes).

Datos del Cuaderno		
Marcar uno de los tres convenios, según corresponda:		
☐ Ferias y Exposiciones	☐ Material Profesional	☐ Muestras Comerciales
País	Nº de viajes*	¿Destino o Tránsito?

*Cuando deba utilizarse el cuaderno para más de una entrada en el mismo país, indíquese el número de entradas.

A tales efectos, el abajo firmante se compromete, en nombre propio o de la empresa que representa a:

1º Reimportar, en territorio Comunitario, el material que se indica dentro de los plazos autorizados.

2º Cumplir lo dispuesto por las Administraciones aduaneras comunitarias y de los países de destino o tránsito, para la utilización de los Cuadernos ATA.

3º Satisfacer, en caso de venta, cesión, abandono, pérdida, robo, destrucción fortuita, omisión del trámite aduanero de reexportación, reexportación en fecha posterior al plazo autorizado de estancia en el país, etc., el importe de los derechos de importación y otras tasas correspondientes en vigor, a la Administración Aduanera del país de importación o reembolsar, a la Cámara de Comercio emisora, todas las sumas que, en concepto de derechos de importación y tasas, deba abonar a las autoridades aduaneras del país de admisión temporal, y de cuantos gastos origine la cancelación definitiva de este documento.

Para cubrir la garantía que requiere el Cuaderno ATA, el abajo firmante declara que ésta la hará efectiva, en la Cámara, a través de:

Datos de la Garantía

Marcar tipo de garantía elegido
☐ Adhesión a la Póliza de Seguro, para la que las Cámaras tiene suscrito un acuerdo para este fin (0,75% del valor de la mercancía + impuestos aplicables)
☐ Aval bancario
☐ Aval global
☐ Depósito a través de transferencia bancaria / ingreso

para responder de las reclamaciones que puedan derivarse del uso de este Cuaderno ATA, según lo previsto en el artículo 6 del Convenio Aduanero sobre Cuadernos ATA de 1961 y artículo 8 del Convenio de Estambul de 1990. No obstante, la Cámara se reserva el derecho de reclamar, al titular del presente documento, los importes abonados cuya cuantía exceda del importe de la garantía prestada.

Si la empresa solicitante del Cuaderno ATA optase por la póliza de seguro como forma de garantía e incumpliese cualquiera de los compromisos detallados en este documento, la Compañía aseguradora se reserva el derecho de reclamarle los importes abonados en virtud del artículo 6 del Convenio ATA o el artículo 8 del Convenio de Estambul, y la Cámara no le emitirá ningún otro Cuaderno con esta forma de garantía.

La garantía depositada mediante talón conformado, en efectivo o aval, será reintegrada por la Cámara cuando la misma considere regularizado el Cuaderno expedido. En el caso que la empresa hubiera optado por la póliza de seguro como garantía, no se reintegrará importe alguno.

En________________, a___de________________de 201_

EL SOLICITANTE (Firma y sello de la Empresa)

Nota importante: La entidad emisora del cuaderno declina toda responsabilidad por las dificultades que pudieran producirse en el caso de que las autoridades aduaneras, españolas o extranjeras, juzgasen insuficiente el valor declarado del material.

Los datos personales proporcionados en el presente formulario serán tratados por Cámara de Comercio, Industria y Servicios de Madrid, con domicilio en Madrid, Plaza de la Independencia, 1, con la finalidad de tramitar la expedición del Cuaderno ATA.

El tratamiento de estos datos se basa en el ejercicio de poderes públicos conferidos en base al "Convenio Aduanero sobre el Cuaderno ATA", para la Admisión Temporal de Mercancías hecho en Bruselas, por el Consejo de Cooperación Aduanera, el 6 de diciembre de 1961, y suscrito por el Estado español. La tramitación de los cuadernos ATA puede requerir la comunicación de sus datos a otros organismos intervinientes tales como la Cámara de Comercio, Industria, Servicios y Navegación de España, Cámara de Comercio Internacional y Organismos Garantes Extranjeros y Autoridades Aduaneras correspondientes. En caso de aseguramiento del Cuaderno ATA, sus datos serán comunicados a la correduría de seguros para la gestión del mismo, siendo esta comunicación necesaria para llevar a cabo la gestión y es autorizada por usted. Los datos serán conservados durante el tiempo necesario para cumplir con la finalidad para la que se recabaron y para determinar las posibles responsabilidades que se pudieran derivar de dicha finalidad.

Puede ejercer sus derechos de acceso, rectificación, supresión, portabilidad, limitación u oposición, escribiendo a la Cámara de Comercio, Industria y Servicios de Madrid a través de un correo electrónico dirigido a camara@camaramadrid.es o una carta a la dirección arriba indicada, señalando como asunto "Protección de Datos". Deberán incluir una copia de su documento de identidad o documento oficial análogo que le identifique. Le informamos de que si lo considera oportuno, puede presentar una reclamación ante la Agencia Española de Protección de Datos

Diligencia de emisión   (a cumplimentar por la Cámara)

Esta Cámara de Comercio de		de acuerdo con la anterior solicitud, emite
el Cuaderno ATA número	ES/ / /	
expedido el	con validez hasta el	

contenido:
☐ Juegos de hojas amarillas para: Exportación/es de la UE – Reimportación/es
☐ Juegos de hojas blancas para: Importación/es en Terceros Países – Reexportación/es
☐ Juegos de hojas azules para: Operaciones de Tránsito (Tránsito – Tránsito)
☐ Hoja/s adicional/es para la lista de mercancías

Comprobada la presentación de la garantía en forma de:	☐ Póliza de Seguro	☐ Aval	☐ Depósito
¿Qué tipo de Cuaderno es?	☐ Original	☐ Duplicado	☐ De sustitución
En caso de que sea de sustitución, ¿a qué número de Cuaderno ATA sustituye?	ES/ / /		

....

El Secretario, P.D.

38 Certificado de control de calidad comercial (Soivre)

Definición

El certificado Soivre es un documento que acredita el cumplimiento de los requisitos de calidad comercial indicados en las normas aplicables para los productos destinados a exportación, salvo los de carácter no comercial.

El servicio de inspección Soivre de las direcciones territoriales y provinciales de Comercio, dependientes de la Dirección General de Comercio e Inversiones, de la Secretaría de Estado de Comercio Exterior, realiza la inspección y control de calidad comercial de los productos objeto de comercio exterior indicados en la Orden ITC /2869/2009.

Tras la inspección pertinente para comprobar el cumplimiento, la mercancía será declarada conforme o no conforme, y será expedido el correspondiente «Certificado de control de calidad comercial Soivre», el «Certificado CEE/Soivre para frutas y hortalizas», o un «Acta de o conformidad», en su caso.

La notificación, será llevada a cabo por los interesados al Servicio de Inspección Soivre de la Dirección Territorial y Provincial de Comercio que corresponda.

La inspección de los productos objeto de control se realiza en los puntos habilitados al efecto por el Ministerio de Industria Turismo y Comercio en los Servicios de Inspección Soivre de las direcciones territoriales y provinciales de Comercio en los propios recintos aduaneros, y en las instalaciones de confección, envasado, producción, almacenamiento, carga o distribución del propio operador comercial.

Los certificados emitidos por el Servicio Soivre de inspección son preceptivos para el despacho aduanero para la exportación a terceros países de los productos indicados en el anexo de la Orden PRE/3026/2003, de 30 de octubre, por la que se dictan normas de inspección y control para las direcciones regionales y territoriales de Comercio.

Emisora

Servicio de Inspección Soivre de las direcciones territoriales y provinciales de Comercio.

Receptora

La autoridad aduanera.

Reglamentación

- Anexo I del Real Decreto 330/2008.
- Orden PRE/3026/2003, de 30 de octubre, por la que se dictan normas de inspección y control para las direcciones regionales y territoriales de Comercio.
- Orden ITC/2869/2009, de 30 de octubre (BOE-A-2009-17081).
- Orden ECC/2257/2013, de 26 de noviembre (BOE-A-2013-12631)
- Orden ECC/2566/2015, de 27 de noviembre (BOE-A-2015-13096).
- Para consultar el listado actualizado se recomienda revisar el texto consolidado de la Orden PRE/3026/2003: https://www.boe.es/buscar/act.php?id=BOE-A-2003-20151
- También se puede emplear la aplicación TARIC de las aduanas españolas, y realizar la búsqueda por código arancelario y destino de la mercancía, en: https://www.agenciatributaria.gob.es

BOLETÍN OFICIAL DEL ESTADO

Núm. 260	Miércoles 28 de octubre de 2009	Sec. I. Pág. 89986

ANEXO

A. PRODUCTOS DE IMPORTACIÓN PROCEDENTES DE TERCEROS PAÍSES SOMETIDOS A CONTROL DE CALIDAD COMERCIAL (Códigos Nomenclatura Combinada)

Capítulo 2.   Carne y despojos comestibles.

0207   Carnes y despojos comestibles, de aves de la partida 0105, frescos, refrigerados o congelados.

Capítulo 3.   Pescados y crustáceos, moluscos y demás invertebrados acuáticos (excepto peces ornamentales).

Capítulo 4.   Leche y productos lácteos; huevos de ave; miel natural; productos comestibles de origen animal no expresados ni comprendidos en otra parte.

Ex 0407   Huevos de ave con cáscara (cascarón), frescos, conservados o cocidos. (Excepto huevos para incubar)

Capítulo 7.   Legumbres y hortalizas, plantas, raíces y tubérculos alimenticios.

0702.00.00   Tomates frescos o refrigerados.

0703   Cebollas, chalotes, ajos, puerros y demás hortalizas aliáceas, frescos o refrigerados.

0704   Coles, incluidos los repollos, coliflores, coles rizadas, colinabos y productos comestibles similares del género Brássica, frescos o refrigerados.

0705   Lechugas (Lactuca sativa) y achicorias comprendidas la escarola y la endibia (Chichorium spp.) frescas o refrigeradas.

0706   Zanahorias, nabos, remolachas para ensalada, salsifíes, apionabos, rábanos y raíces comestibles similares, frescos o refrigerados.

0707.00   Pepinos y pepinillos, frescos o refrigerados.

0708   Hortalizas de vaina, aunque estén desvainadas, frescas o refrigeradas.

ex 0709   Las demás hortalizas, frescas o refrigeradas, excluyendo: las hortalizas de las subpartidas 0709.60.91.00; 0709.60.95.00; 0709.60.99.00; 0709.90.31; 0709.90.39; 0709.90.40, 0709.90.60; y las setas y demás hongos, excepto las cultivadas la subpartida 0709. 59.

Capítulo 8.   Frutas y frutos comestibles; cortezas de agrios (cítricos), melones o sandías.

ex 0802   Los demás frutos de cáscara, frescos o secos, incluso sin cáscara o mondados, excepto los de las subpartidas 0802.11.10 (almendras amargas), 0802.12 (almendras sin cáscara), 0802.22 (avellanas sin cáscara), 0802.32 (nueces sin cáscara), las nueces de areca (o de betel) y de cola de la subpartida 0802 90 20 y 0802.90.50 (piñones).

0803   Bananas o plátanos frescos o secos, excepto plátanos no hortaliza secos.

0804.20.10   Higos frescos.

0804.30.00   Piñas (ananás).

0804.40.00   Aguacates (paltas).

0804.50.00   Guayabas, mangos y mangostanes.

0805   Agrios (cítricos) frescos o secos.

0806.10.10   Uvas de mesa frescas.

ex 0806.20   Pasas (exclusivamente variedades Sultanina, de Corinto y Moscatel).

0807   Melones, sandias y papayas frescos.

0808   Manzanas, peras y membrillos, frescos.

0809   Albaricoques (damascos, chabacanos), cerezas, melocotones (duraznos), incluidos los griñones y nectarinas, ciruelas y endrinas, frescos.

0810   Las demás frutas u otros frutos, frescos.

 **BOLETÍN OFICIAL DEL ESTADO** 

0813.50.31	Mezclas exclusivamente de nueces tropicales de frutos secos de las partidas 0801 y 0802.
0813.50.39	Mezclas exclusivamente de frutos secos de las partidas 0801 y 0802 de los demás frutos de cáscara.

Capítulo 9.   Café, té, yerba mate y especias.

ex 0910.99	Tomillo fresco o refrigerado.

Capítulo 12.   Semillas y frutos oleaginosos; semillas y frutos diversos; plantas industriales o medicinales; paja y forraje.

Ex 1207.99.15.10	Semillas de cáñamo, para siembra.
1207.99.91	Semillas de cáñamo, las demás.
ex 1210	Conos de lúpulo frescos o secos, incluso triturados, molidos o en «pellets», lupulino.
ex 1211.90.85	Albahaca, toronjil, menta, origanum vulgare (orégano), romero, salvia, frescos o refrigerados.
1212.99.30	Algarrobas enteras.

Capítulo 15.   Grasas y aceites animales o vegetales; productos de su desdoblamiento; grasas alimenticias elaboradas; ceras de origen animal o vegetal.

1509	Aceite de oliva y sus fracciones, incluso refinado, pero sin modificar químicamente.
1510	Los demás aceites y sus fracciones obtenidos exclusivamente de la aceituna, incluso refinados, pero sin modificar químicamente, y mezclas de estos aceites o fracciones con los aceites o fracciones de la partida 1509.

Capítulo 16.   Preparaciones de carne, pescado o de crustáceos, moluscos o demás invertebrados acuáticos.

ex 1604	Conservas de sardinas, de atún y de bonito.

Capítulo 53.   Las demás fibras textiles vegetales; hilados de papel y tejidos de hilados de papel.

5302.10.00	Cáñamo en bruto o enriado.

 **BOLETÍN OFICIAL DEL ESTADO** 

Núm. 260	Miércoles 28 de octubre de 2009	Sec. I. Pág. 89988

B.   PRODUCTOS DE EXPORTACIÓN DESTINADOS A TERCEROS PAÍSES
SOMETIDOS A INSPECCIÓN Y CONTROL DE CALIDAD COMERCIAL (Códigos
Nomenclatura Combinada)

Capítulo 3.   Pescados y crustáceos, moluscos y demás invertebrados acuáticos.

0303   Pescado congelado (excepto los filetes y demás carne de pescado de la Partida 0304).

0304.21.00   Filetes de pez espada, congelados.

0304.22.00   Filetes de austromerluza, congelados.

0304.29   Filetes de los demás pescados, congelados.

ex 0306   Crustáceos, incluso pelados, congelados; crustáceos sin pelar, cocidos con agua o vapor, congelados.

ex 0307   Moluscos, incluso separados de sus valvas, congelados; invertebrados acuáticos (excepto los crustáceos y moluscos), congelados.

Capítulo 4.   Leche y productos lácteos; huevos de ave; miel natural; productos comestibles de origen animal no expresados ni comprendidos en otra parte.

0406   Queso y requesón.

0409.00.00   Miel natural.

ex 0410.00.00   Jalea real.

Capítulo 7.   Legumbres y hortalizas, plantas, raíces y tubérculos alimenticios.

0702.00.00   Tomates frescos o refrigerados.

0703   Cebollas, chalotes, ajos, puerros y demás hortalizas aliaceas, frescos o refrigerados.

0704   Coles, incluidos los repollos, coliflores, coles rizadas, colinabos y productos comestibles similares del género Brassica, frescos o refrigerados.

0705   Lechugas (Lactuca sativa) y achicorias comprendidas la escarola y la endibia (Chichorium spp.) frescas o refrigeradas.

0706   Zanahorias, nabos, remolachas para ensalada, salsifíes, apionabos, rábanos y raíces comestibles similares, frescos o refrigerados.

0707.00   Pepinos y pepinillos, frescos o refrigerados.

0708   Hortalizas de vaina, aunque estén desvainadas, frescas o refrigeradas.

ex 0709   Las demás hortalizas, frescas o refrigeradas, excluyendo: las hortalizas de las subpartidas 0709.60.91.00; 0709.60.95.00; 0709.60.99.00; 0709.90.31; 0709.90.39; 0709.90.40, 0709.90.60; y las setas y demás hongos, excepto las cultivadas la subpartida 0709. 59.

ex 0713.20.00 Garbanzos (excepto los destinados a siembra).
0713.33.90 Judía común (Phaseolus vulgaris).
ex 0713.40.00 Lentejas (excepto las destinadas a siembra).

Capítulo 8.   Frutas y frutos comestibles; cortezas de agrios (cítricos), melones o sandías.

ex 0802   Los demás frutos de cáscara, frescos o secos, incluso sin cáscara o mondados, excepto los de las subpartidas 0802.11.10 (almendras amargas), 0802.12 (almendras sin cáscara), 0802.22 (avellanas sin cáscara), 0802.32 (nueces sin cáscara), las nueces de areca (o de betel) y de cola de la subpartida 0802 90 20 y 0802.90.50 (piñones).

0803.00.11   Plátanos hortaliza frescos.

ex 0803.00.90   Plátanos hortaliza secos.

0804.20.10   Higos frescos.

0804.30.00   Piñas (ananás).

0804.40.00   Aguacates (paltas).

0804.50.00   Guayabas, mangos y mangostanes.

 **BOLETÍN OFICIAL DEL ESTADO** 

Núm. 260　　Miércoles 28 de octubre de 2009　　Sec. I.　Pág. 89989

0805	Agrios (cítricos) frescos o secos.
0806.10.10	Uvas de mesa frescas.
ex 0806.20	Pasas (exclusivamente variedades Sultanina, de Corinto y Moscatel).
0807	Melones, sandias y papayas frescos.
0808	Manzanas, peras y membrillos, frescos.
0809	Albaricoques (damascos, chabacanos), cerezas, melocotones (duraznos), incluidos los griñones y nectarinas, ciruelas y endrinas, frescos.
0810	Las demás frutas u otros frutos, frescos.
08.11.10	Fresas congeladas.
0813.50.31	Mezclas exclusivamente de nueces tropicales de las partidas 0801 y 0802.
0813.50.39	Mezclas exclusivamente de frutos secos de las partidas 0801 y 0802 de los demás frutos de cáscara.

Capítulo 9.　Café, té, yerba mate y especias.

0910.20	Azafrán.
ex 0910 99	Tomillo fresco o refrigerado.

Capítulo 12.　Semillas y frutos oleaginosos; semillas y frutos diversos; plantas industriales o medicinales; paja y forraje.

ex 1210	Conos de lúpulo frescos o secos, incluso triturados, molidos o en «pellets», lupulino.
ex 12119085	Albahaca, toronjil, menta, origanum vulgare (orégano), romero, salvia, frescos o refrigerados.
12129930	Algarrobas o alfalfa.
ex 1212.99.80	Polen de abejas.

Capítulo 15.　Grasas y aceites animales o vegetales; productos de su desdoblamiento; grasas alimenticias elaboradas; ceras de origen animal o vegetal.

1509	Aceite de oliva y sus fracciones, incluso refinado, pero sin modificar químicamente.
1510	Los demás aceites y sus fracciones obtenidos exclusivamente de la aceituna, incluso refinados, pero sin modificar químicamente, y mezclas de estos aceites o fracciones con los aceites o fracciones de la partida 1509.

Capítulo 16.　Preparaciones de carne, pescado o de crustáceos, moluscos o demás invertebrados acuáticos.

1604	Preparaciones y conservas de pescado; caviar y sus sucedáneos preparados con huevas de pescado.
1605	Crustáceos, moluscos y demás invertebrados acuáticos, preparados o conservados.

Capítulo 20.　Preparaciones de hortalizas, frutas u otros frutos o demás partes de plantas.

2005.70	Aceitunas preparadas o conservadas.

Definición

Documento que permite el tránsito de mercancías entre los países adheridos a su convenio regulador, sin ser sometidas a controles aduaneros. Se utiliza en el transporte por carretera.

El convenio TIR (del francés *Transport International Routier*) fue creado por la United Commission for Europe (Unece) en 1975.

Los vehículos transportadores han de estar precintados y deben cumplir, además, una serie de requisitos entre los que destaca:

- La no existencia de ruptura de carga, es decir, no se puede descargar la mercancía para embarcarla en otro camión.
- Que la mercancía vaya en un camión especialmente habilitado y dotado de precinto y al que es imposible acceder sin romper los precintos.
- Que el transporte se desarrolle entre aduanas TIR.
- Que el transporte esté respaldado por las asociaciones partícipes en el Convenio TIR.
- Que la mercancía viaje acompañada de un cuaderno TIR.

Si se respetan los precintos, basta con presentar la hoja de ruta (cuaderno TIR) para cumplir con todas las formalidades aduaneras.

El transporte se realiza en vehículos especiales TIR con «Certificado de Agreement TIR» vigente. Este certificado se obtiene al superar una revisión y es válido durante dos años. Los vehículos se identifican con dos placas con la inscripción TIR, una en la parte delantera del vehículo y otra en la trasera.

La revisión del vehículo consiste en comprobar que:

- La caja del vehículo puede precintarse y revisarse fácilmente.
- La caja del vehículo no tiene dobles fondos.
- La mercancía solo puede extraerse rompiendo el precinto.

El Certificado de Agreement TIR declara apto el vehículo para el transporte internacional de mercancías bajo el precinto aduanero en régimen TIR.

Funcionamiento

En primer lugar, se debe solicitar el documento en la Asociación del Transporte Internacional por Carretera (Astic). Astic facilita el cuaderno a la empresa transportista que va a realizar el transporte internacional en régimen TIR. El cuaderno TIR recoge el detalle de las mercancías que viajan en dicho régimen.

Se indicará el número de matrícula de los remolques o semirremolques y el número de identificación o de fabricación. Se acompañará de un listado de embalaje, fotografías y dibujos y talones firmados y fechados.

Cada cuaderno TIR posee un número de referencia único y va ligado a la carga que se transporta, por lo que la titularidad de dicho cuaderno debe recaer en la persona propietaria de los semirremolques que, en caso de ser un conjunto de dos, deben llevar un cuaderno por cada contenedor. Jamás se debe entregar un cuaderno TIR a una tercera persona.

Cada par de hojas del cuaderno es utilizado por un país; el número de hojas indica el número de países que pueden ser transitados, incluidos los países de origen y destino (por ejemplo: si un cuaderno tiene 14 hojas, son siete los países por los que puede transitar con ese cuaderno).

Cada cuaderno TIR puede usarse para un solo viaje. No se permite transportar tabaco y derivados (excepto tabaco en rama) ni alcohol (excepto cerveza y vino). Los cuadernos TIR tienen 75 días de validez desde que una asociación los expide y jamás se deben usar si han caducado o modificar su contenido.

Una vez que el tránsito TIR haya finalizado, en la oficina aduanera de destino de la mercancía se le devuelve al conductor el cuaderno TIR debidamente visado. Las autoridades aduaneras deben confirmar inmediatamente la cancelación del tránsito TIR de forma electrónica a través del SafeTIR. El cuaderno TIR se devuelve a la asociación por el transportista y esta, a su vez, se lo devuelve a la International Road Transport Union (IRU) para su control final y archivo.

Emisora

Lo expide la Dirección General de Aduanas e Impuestos Especiales.

Receptora

Las autoridades aduaneras.

Reglamentación

- Convenio TIR, suscrito en Ginebra el 14 de noviembre de 1975.
- Reglamento (CEE) 2913/92 del Consejo, de 12 de octubre de 1992, por el que se establece el Código Aduanero Comunitario.
- Reglamento (CEE) 2454/93 de la Comisión, de 2 de julio de 1993, por el que se establecen disposiciones para la aplicación del Código Aduanero Comunitario.

IRU - Union Internationale des Transports Routiers

CARNET TIR*

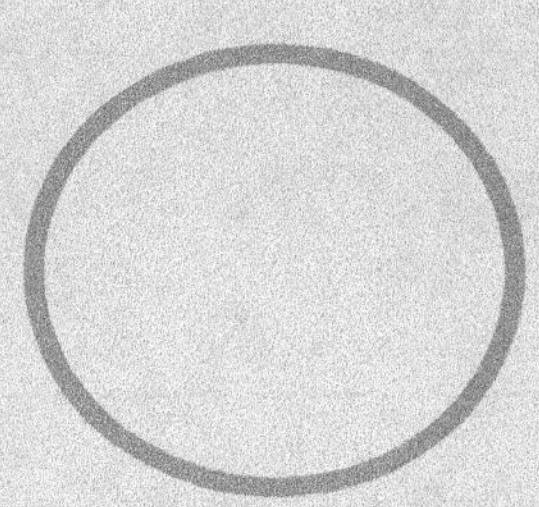

14 vouchers No

1. Valable pour prise en charge par le bureau de douane de départ jusqu'au ___01.07.2003___ inclus
   Valid for the acceptance of goods by the Customs office of departure up to and including

2. Délivré par   **Union of Chambers of Commerce, Industry, Maritime Commerce**
   Issued by
   and Commodity Exchanges of Turkey (UCCIMCCE)
   (nom de l'association émettrice / *name of issuing association*)

3. Titulaire   **TÜRKSPED MEHMET PİR Milletlerarası Nakliyat A.Ş.**
   Holder
   Merkez Mah. Değirmenbahçe Sok. No:19 Yenibosna Bakırköy İSTANBUL   TUR/042/8
   (nom, adresse, pays / *name, address, country*)

4. Signature du délégué de l'association émettrice et cachet de cette association:
   Signature of authorized official of the issuing association and stamp of that association:

   Stamp and signature of UCCIMCCE

5. Signature du secrétaire de l'organisation internationale:
   Signature of the secretary of the international organization:

   Signature of Secretary-General of IRU

(A remplir avant l'utilisation par le titulaire du carnet / To be completed before use by the holder of the carnet)

6. Pays de depart   **Turkey**
   Country/Countries of departure [1]

7. Pays de destination   **Switzerland, Germany**
   Country/Countries of destination [1]

8. No(s) d'immatriculation du (des) véhicules(s) routiers(s) [1]
   Registration No(s). of road vehicle(s) [1]
   34 ZH 6945

9. Certificat(s) d'agrément du (des) véhicule(s) routier(s) (No et date) [1]
   Certificate(s) of approval of road vehicle(s) (No. and date) [1]
   No. 118932.2645 of 02.10.2002

10. No(s) d'identification du (des) conteneur(s) [1]
    Identification No(s). of container(s) [1]

11. Observations diverses
    Remarks

12. Signature du titulaire du carnet:
    Signature of the carnet holder:

    Signature of the TIR Carnet holder

[1] Biffer la mention inutile
    Strike out whichever does not apply

* Voir annexe 1 de la Convention TIR, 1975, élaborée sous les auspices de la Commission économique des Nations Unies pour l'Europe.
* *See annex 1 of the TIR Convention, 1975, prepared under the auspices of the United Nations Economic Commission for Europe.*

VOUCHER Nº 1 PAGE 1

I. TIR CARNET No

2. Customs office(s) of departure
1. **Trabzon**   2. **Erenköy**
3. ___________

3. Name of the international organization

IRU - International Road Transport Union

For official use

4. Holder of the carnet (name, address and country)

**TÜRKSPED MEHMET PİR Milletlerarası Nakliyat A.Ş.
Merkez Mah. Değirmenbahçe Sok. No:19 Yenibosna
Bakırköy İSTANBUL   TUR/042/8**

5. Country/Countries of departure **Turkey**
6. Country/Countries of destination **Switzerland, Germany**

7. Registration No(s). of road vehicle(s)
34 ZH 6945

8. Documents attached to the manifest
**CMR 0658 of 28.05.2003
CMR 0754 of 28.05.2003**

GOODS MANIFEST

9. (a) Load compartment(s) or container(s) (b) Marks and Nos. of packages or articles	10. Number and type of packages or articles; description of goods	11. Gross weight in kg	16. Seals or identification marks applied, (number, identification)
	Trabzon Customs office		
	For Bern:		
AB 1 - 800	**Towels, boxes, 800 packages**	**5600**	**One seal No. 11**
	For Freiburg:		
CD 1 - 500	**Linen, collies, 500 packages**	**4300**	

12. Total number of packages entered on the manifest Destination:	Number	13. I declare the information in items 1-12 above to be correct and complete	17. Customs office of departure. Customs officer's signature and Customs office date stamp
	1300		
1. Customs office **Bern**	**800**	14. Place and date 15. Signature of holder or agent **Trabzon, 28.05.2003**	**28.05.2003 Stamp and signature (Trabzon)**
2. Customs office **Freiburg**	**500**	**Signature**	
3. Customs office			

18. Certificate for goods taken under control (Customs office of departure or of entry en route) **Trabzon**

19. Seals or identification marks found to be intact
20. Time-limit for transit **31.05.2003**

21. Registered by the Customs office at **Trabzon**
under No. **006494**

22. Miscellaneous (itinerary stipulated, Customs office at which the load must be produced, etc.)
Erenköy

23. Customs officer's signature and Customs office date stamp
**28.05.2003
Stamp and signature (Trabzon)**

COUNTERFOIL Nº 1   PAGE 1   of TIR CARNET   No

1. Accepted by the Customs office at   **Trabzon**

2. Under No.   **006494**

3. Seals or identification marks applied   **One seal No. 11**

4. Seals or identification marks found to be intact

5. Miscellaneous (route prescribed, Customs office at which the load must be produced, etc.)   **Erenköy**

6. Customs officer's signature and Customs office date stamp

**28.05.2003
Stamp and signature (Trabzon)**

Definición

Es un documento que garantiza que los vegetales, productos vegetales y otros objetos que los acompañan, han sido sometidos a los controles o tratamientos fitosanitarios que exige la normativa para poder circular en la UE. También se utiliza para certificar que las maderas de embalaje y estiba están libres de plagas.

El certificado fitosanitario debe emitirse antes de que se realice el despacho aduanero de exportación o importación. Se concede por un período de sesenta días que cubre los plazos habituales de embarque y transporte internacional de mercancías.

Si se utiliza para certificar embalajes o maderas de estiba, deberá solicitarlo la empresa fabricante, quien lo transmitirá a la exportadora o importadora, ya que puede ser necesaria su presentación en la aduana de importación.

Algunos de los países que solicitan este certificado para los embalajes de madera son: Australia, Brasil, Chile, China o México.

Emisora

La Subdirección General de Agricultura Integrada y Sanidad Vegetal del Ministerio de Medio Ambiente y Medio Rural y Marino, así como las consejerías de Agricultura de las comunidades autónomas.

En relación con la regla Incoterms aplicable a la operación, corresponderá obtenerlo a la empresa exportadora, excepto si esta ha pactado la regla Incoterms EXW con la importadora; y a la importadora, excepto si se ha acordado la regla Incoterms DDP en la operación de compraventa internacional.

Receptora

La autoridad aduanera de exportación o importación.

Reglamentación

- Real Decreto 58/2005 de 21 de enero.

<table>
<tr><td colspan="2">1. Nombre y dirección del exportador / Name and address of exporter</td><td colspan="2">2.

CERTIFICADO FITOSANITARIO
PHYTOSANITARY CERTIFICATE
Nº CE / ES / **0000000 0B**</td></tr>
<tr><td colspan="2" rowspan="2">3. Nombre y dirección declarados del destinatario / Declared name and address of consignee</td><td colspan="2">4. Organización de Protección Fitosanitaria de / Plant Protection Organization of
ESPAÑA / SPAIN

A. Organización(es) de Protección Fitosanitaria de / to Plant protection Organization of</td></tr>
<tr><td colspan="2">5. Lugar de origen / Place of origin</td></tr>
<tr><td colspan="2">6. Medios de transporte declarados / Declared means of conveyance</td><td colspan="2">MINISTERIO DE AGRICULTURA, ALIMENTACIÓN Y MEDIO AMBIENTE
Dirección General de Sanidad de la Producción Agraria
Subdirección General de Acuerdos Sanitarios y Control en Frontera</td></tr>
<tr><td colspan="2">7. Punto de entrada declarado / Declared point of entry</td><td colspan="2"></td></tr>
<tr><td colspan="3">8. Marcas distintivas de los bultos; número y descripción de los bultos; nombre del producto; nombre botánico de las plantas / Distinguishing marks; number and description of packages; name of produce; botanical name of plants</td><td>9. Cantidad declarada/ Quantity declared</td></tr>
<tr><td colspan="3"></td><td></td></tr>
<tr><td colspan="4">10. Por la presente se certifica que las plantas o productos vegetales descritos más arriba / This is to certify that the plants products described above
- se han inspeccionado de acuerdo con los procedimientos adecuados y / have been inspected according to appropriate procedures, and
- se consideran exentos de plagas de cuarentena, y prácticamente exentos de otras plagas nocivas, y que / are considered to be free from quarantine pests, and practically free from other injurious pests, and that they
- se considera que se ajustan a las disposiciones fitosanitarias vigentes en el país importador. / are considered to conform with the current phytosanitary regulations of the importing country.</td></tr>
<tr><td colspan="4">11. Declaración suplementaria / Additional declaration</td></tr>
<tr><td colspan="2">TRATAMIENTO DE DESINFECTACIÓN Y/O DESINFECCIÓN
DISINFESTATION AND/OR DISINFECTION TREATMENT</td><td colspan="2">18. Lugar de expedición / Place of issue</td></tr>
<tr><td colspan="2">12. Tratamiento / Treatment</td><td colspan="2">Fecha / Date</td></tr>
<tr><td>13. Producto químico (ingrediente activo)
Chemical (active ingredient)</td><td>14. Duración y temperatura
Duration and temperature</td><td colspan="2" rowspan="2">Nombre y Firma
Name and signature
del Funcionario autorizado
of authorized officer   Sello de la Organización
Stamp of Organization</td></tr>
<tr><td>15. Concentración / Concentration</td><td>16. Fecha / Date</td></tr>
<tr><td colspan="2">17. Información adicional / Additional Information</td><td colspan="2"></td></tr>
</table>

HOJA   1 de 1
SHEET   1 of 1

41 Certificado de peso

Definición

Documento mediante el que se certifica el peso de un embarque o el peso por eje de un camión:

- Se debe hacer constar el peso neto y bruto de la mercancía, bulto por bulto de toda la expedición, y cualquier otro dato que pueda servir de prueba en lo que se refiere al peso de las mercancías en el momento de la expedición.
- Se deben detallar los pesos por eje del camión cargado para verificar si se cumple la normativa vigente al respecto.

Emisora

La empresa exportadora, un representante suyo o un organismo pesador oficial.

Receptora

La aduana del país importador.

Reglamentación

- Reglamento CEE 2454/93 del Consejo.
- Reglamento (CEE) 2913/92 del Consejo.

Modelo de certificado de pesos

Razón social: Fecha:
Dirección: Hora:
NIF:
N.º de instalación:
N.º de pasada:
Tipo camión:
Guía despacho:

Ejes (kg)				Conjuntos de ejes (kg)			
N.º	Tipo	Peso	Máximo	N.º	Tipo	Peso	Máximo
1							
2							
3							
4							
5							
6							
7							
Peso bruto total:			Máximo:				

Nota: El presente certificado no podrá ser entregado a quien exceda los pesos máximos permitidos legalmente.

Definición

También conocido como lista de bultos, lista de empaque o *packing list,* es un documento que detalla todos los bultos, cajas o paquetes que componen una expedición, así como el peso y contenido de cada uno, identificándolos con un número o referencia.

Uno de los objetivos de este documento es facilitar la inspección de mercancías en las aduanas, así como hacer de comprobante para verificar los productos por el destinatario en caso de pérdidas, daños o errores.

La lista de contenido incluye los siguientes datos:

- Referencia al número de factura que corresponde a la exportación y pedido.
- Número de bultos.
- Números asignados para cada tipo de mercancías.
- Contenido de cada bulto.
- Dimensiones exteriores de los bultos.
- Peso bruto unitario.
- Embalaje, deberá indicarse si los bultos se encuentran en palés. Si requieren una manipulación especial, deberá indicarse también.
- Tipo de embarque.
- Marcas y números utilizados.
- Número total de bultos.
- Volumen total.
- Peso neto total (excluido el embalaje).
- Peso bruto total. Si se omite el peso neto o se confunde con el peso bruto, pueden surgir malentendidos y gastos adicionales.
- Se suele incluir una copia junto a la mercancía y otra se remite directamente al destinatario de los productos para que pueda tener un mayor control en la recepción de las mercancías.

Emisora

La empresa exportadora.

Receptora

La empresa destinataria de las mercancías y las autoridades aduaneras.

Reglamentación

- Reglamento (CEE) 2913/92 del Consejo.
- Reglamento 2454/93 de la Comisión.

Modelo de lista de contenido

Logotipo de la empresa exportadora, dirección, persona de contacto y NIF

Expedidor:

(Nombre y dirección de la empresa importadora)

Tel.:

Correo electrónico:

Receptor:

(Lugar de entrega)

Tel.:

Correo electrónico:

Fecha:

Factura n.º:

Ref. cliente:

Marcas	Descripción completa	Embalaje	Medidas A × L × A (cm)	Volumen	Cantidad	Peso neto (kg)	Peso bruto (kg)
	TOTAL:						

Regla Incoterms 2020:

País de origen:

Moneda:

Declaramos que la información contenida antriormente es correca y veraz. En nombre de la compañía arriba referenciada:

Firma y sello:

Definición

Este documento se utiliza para verificar y garantizar que la mercancía cumple unos determinados parámetros físicos y químicos: grado de acidez, composición, alcohol, antioxidantes, conservantes, etc., pactados en las condiciones contractuales de una compraventa o vigentes en la normativa de producto del país de destino. Es un documento que puede ser demandado por la empresa importadora o por la aduana de destino para llevar a cabo el despacho de importación.

Se suele utilizar en productos alimentarios, alcohol, vino, sanitarios, cosméticos y químicos.

Emisora

Las entidades de certificación acreditadas (laboratorios), nombradas por la empresa exportadora o la importadora con capacidad de emisión de certificados de análisis.

En el caso de que sea un documento de obligada presentación en la aduana de importación, la responsable de obtenerlo será la empresa que tenga que realizar el despacho de importación. Si las partes de una compraventa internacional han pactado la regla Incoterms DDP, deberá obtenerlo la exportadora, mientras que para el resto de reglas Incoterms será la importadora.

En la práctica común, lo acostumbra a emitir la empresa exportadora a petición de la importadora.

Receptora

La empresa importadora y la aduana de importación.

Reglamentación

- Norma UNE-EN ISO 15189 aplicable a los laboratorios clínicos incluidos en la definición del apartado 3.8 de la norma, es decir aquellos que analizan muestras biológicas de origen humano.
- Los laboratorios que analizan muestras biológicas de origen animal, deberán acreditarse según la norma ISO 17025.

Certificado de análisis

Fecha:

Certificado núm.:		Expedidor:	
Código de producto:		Núm. de lote del expedidor:	
Nombre de producto:		Núm. de lote laboratorio:	
Fecha:		Fecha de caducidad:	

TESTS	RESULTADOS	ESPECIFICACIONES
Apariencia		Conforme
Identidad		Conforme
Carbonatos		Menos de Ph. 8.6
Solubilidad		Conforme
Amonio		Menos de 20 ppm
Calcio		Menos de 100 ppm
Arsénico		Menos de 2 ppm
Metales pesados		Menos de 2 ppm
Hierro		Menos de 20 ppm
Sulfatos		Menos de 150 ppm
Cloruros		Menos de 150 ppm
Aspecto de la solución		Conforme
Micro estatus		Conforme

Fecha de emisión

Dirección de laboratorio

Domicilio:	Datos de contacto:

Definición

Este documento certifica que los productos que se relacionan en él (generalmente productos alimenticios) cumplen los preceptos de la religión judía, en cuanto a la manera de sacrificio de animales.

Los alimentos que precisan un certificado *kosher* son:

- *Lácteos.* La leche y sus productos derivados (queso, crema, etc.). Estos productos no se pueden mezclar con la carne.
- *Cárnicos.* Los animales aptos para consumo deben de ser rumiantes y tener las pezuñas partidas. Es *kosher* la carne de vaca, oveja, cabra, y de ciertas aves, como pollo, pavo, pato y ganso.
- *Parve o neutro.* No contienen ni carne ni ingredientes lácteos: frutas, granos y vegetales en su estado natural, los huevos y aquellos pescados que no poseen escamas ni aletas.
- *Passover* (el octavo día que conmemora el éxodo de la población judía desde la esclavitud en Egipto). Algunos granos y sus derivados no pueden ser consumidos en *passover* aunque sean *kosher* el resto del año.

Se trata de un sello exigido en toda la exportación de productos alimenticios a países con comunidad judía: Israel, Estados Unidos, Reino Unido, Francia, Rusia, Argentina o México. Los productos que obtienen el certificado *kosher* se marcan con la letra K.

Algo similar ocurre con los productos que obtienen el certificado *halal,* que se identifican con la letra M *(muslim population),* y que certifica que un determinado producto cumple los requisitos exigidos por la Ley Islámica para su consumo por la población musulmana).

Emisora

Las agencias certificadoras y el Gran Rabinato de Israel, también por un rabino facultado para expedirlo como es el caso de la Comunidad Judía de Madrid.

Receptora

Las aduanas de países importadores.

Reglamentación

Principios religiosos judíos en el ámbito de la alimentación.

בס"ד

הרבנות הראשית למדריד
RABINATO PRINCIPAL DE MADRID
CHIEF RABBINATE OF MADRID

איגוד הרבנים האורטודוקסים מספרד
UNION OF ORTHODOX RABBIES OF SPAIN

דו"ח יצור מספר : M-270/2016

תעודת כשרות:כשר פרווה – **KOSHER PARVE**

FORTY-FIVE PRODUCTS ONLY

ארבעים וחמשה מוצרים

1. LEMON ESSENTIAL OIL	25. FROZEN MANDARINE PULP
2. ORANGE ESSENTIAL OIL	26. ASEPTIC MANDARINE PULP
3. MANDARINE ESSENTIAL OIL	27. FROZEN CLEMENTINE PULP
4. CLEMENTINE ESSENTIAL OIL	28. ASEPTIC CLEMENTINE PULP
5. GRAPEFRUIT ESSENTIAL OIL	29. FROZEN ORANGE PULP
6. NFC ORANGE JUICE	30. ASEPTIC ORANGE PULP
7. NFC LEMON JUICE	31. FROZEN GRAPEFRUIT PULP
8. NFC MANDARINE JUICE	32. FROZEN GRAPEFRUIT CELLS
9. NFC CLEMENTINE JUICE	33. ASEPTIC GRAPEFRUIT PULP
10. NFC GRAPEFRUIT JUICE	34. ASEPTIC GRAPEFRUIT CELLS
11. FROZEN LEMON JUICE CONCENTRATE	35. FROZEN LEMONADE
12. ASEPTIC LEMON JUICE CONCENTRATE	36. ASEPTIC LEMONADE
13. FROZEN ORANGE JUICE CONCENTRATE	37. CITRUS PEEL EXTRACTS (CLOUDY)
14. ASEPTIC ORANGE JUICE CONCENTRATE	38. ASEPTIC PEACH PUREE
15. FROZEN MANDARINE JUICE CONCENTRATE	39. PEACH PUREE
16. ASEPTIC MANDARINE JUICE CONCENTRATE	40. ASEPTIC APPLE PUREE
17. FROZEN CLEMENTINE JUICE CONCENTRATE	41. APPLE PUREE
18. ASEPTIC CLEMENTINE JUICE CONCENTRATE	42. ASEPTIC PEAR PUREE
19. FROZEN GRAPEFRUIT JUICE CONCENTRATE	43. PEAR PUREE
20. ASEPTIC GRAPEFUIT JUICE CONCENTRATE	44. ASEPTIC APRICOT PUREE
21. FROZEN LEMON PULP	45. APRICOT PUREE
22. FROZEN LEMON CELLS	
23. ASEPTIC LEMON PULP	
24. ASEPTIC LEMON CELLS	

I hereby certify having visited and controlled the below named Factory, recognized all components and manufacturing processes, having therefore assessed that there is no Kashrut problem on the above mentioned good.

Validity of this document: **30 MAY 2017**

שם ביהח"ר: **RIVERBEND ESPAÑA S.A.**

עיר : ספרד   **SANTOMERA (MURCIA)**

הנני מודיע בזאת שהשגחנו במפעל הנ"ל וראינו את כל המרכיבים ותהליכי היצור וראינו שאין

בעיות כשרות במוצרים הנ"ל .למען יאכלו כל אחינו בני ישראל וישבעו.

דע"כ באתי על החתום ביום: כ"ב באייר תשע"ו – **30 MAY 2016**

Recognized by The Chief Rabbinate of Israel

הרב הראשי בק"ק מדריד

CJM – Baltnes, 3 – 28010 Madrid (España) – Tel. +34 91 591 31 35 – Fax: 91 594 15 17 – rabinato@cjmadrid.org

w w w . k o s h e r m a d r i d . c o m

10764

Hasta mediados de la década de 1930, las negociaciones sobre acuerdos de compraventa internacional podían llegar a durar semanas e incluso meses. Aspectos como fijar el lugar de entrega de las mercancías, cuándo se transmitía el riesgo sobre ellas, hasta dónde pagaba el transporte la empresa vendedora y a partir de dónde la compradora, eran motivo de discusión y retrasos en operaciones de comercio internacional.

Con la finalidad de establecer una normativa que sirviera de referente para regular este tipo de situaciones, la Cámara de Comercio Internacional (CCI) impulsó en 1936 las reglas Incoterms® (acrónimo de *international commercial terms)*. Se trata de un conjunto de reglas que ayudan a resolver cuestiones como las mencionadas anteriormente y que establecen, de común acuerdo entre las partes de un contrato de compraventa, cuáles son los derechos y las obligaciones de cada una en cuanto a las condiciones de entrega de las mercancías.

A partir del 1 de enero de 2020 se debe tomar como referencia la edición de las reglas Incoterms® 2020, sobre las que trataremos los aspectos más relevantes de las reglas multimodales, en las que se inscribe el transporte por carretera.

Qué son las reglas Incoterms

Tienen por objeto delimitar los derechos y las obligaciones de las partes que intervienen en la compraventa internacional de un producto en lo que concierne a estos cinco aspectos:

- Obligaciones de la parte compradora y la vendedora.
- Costos que asume cada parte.
- Responsabilidad sobre la mercancía.
- Despachos de aduanas.
- Lugar y momento de entrega de la mercancía.

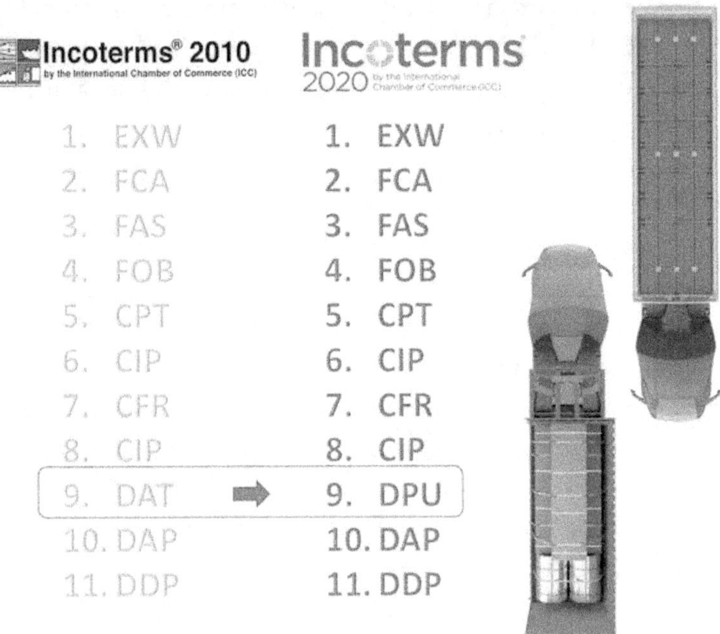

Ordenación de las reglas Incoterms 2020 y su anterior versión de 2010.

Características de las reglas Incoterms multimodales

En este apartado se exponen las principales cuestiones que pueden afectar a la operativa del transporte por carretera en relación a la utilización de las reglas Incoterms 2020. En esta operativa, cabe prestar especial atención a quién formaliza el contrato de transporte, a la responsabilidad en las operaciones de carga de los vehículos de transporte y a los costes que puedan derivarse en el caso de que no se produzca la recepción de las mercancías en el destino.

Cabe subrayar que la CCI recomienda el uso exclusivamente marítimo (sin tramo terrestre) de las reglas FOB, CIF y CFR, las cuales deberán sustituirse por FCA buque, CIP o CPT en caso de que exista tramo terrestre.

Es importante diferenciar entre contrato de compraventa y contrato de transporte. Este último no está regulado por ninguna regla Incoterms y obliga a la empresa transportista con la contratante en exclusiva. Es decir, si una empresa vendedora ha pactado una regla Incoterms EXW y decide contratar el transporte, ha de tener presente que deberá responder de cualquier consecuencia que pueda derivarse, aun no estando obligada a ello por la regla pactada.

EXW *(ex works):* en fábrica

EXW es una de las reglas Incoterms más utilizadas, aunque no siempre se hace de manera adecuada. En la práctica, muchas empresas vendedoras que pactan una regla EXW con la compradora realizan la carga de la mercancía en el vehículo de transporte, contrariamente a lo que se pacta mediante dicha regla.

Por este motivo, en la versión de las reglas Incoterms 2020 se insiste en que esta regla es aplicable solo para operaciones en las que la empresa compradora deba realizar la carga de la mercancía, y si se trata de transporte de paquetería o cuando el vehículo de transporte esté habilitado para ello (camión pluma, camiones de autocarga con carretilla, carga con grúa subcontratada, etc.). Además, se añade como punto de entrega no solo el local de la empresa expedidora sino cualquier otro punto en el que esta tenga jurisdicción.

Posibles incidencias

La experiencia muestra que pueden existir riesgos importantes en la utilización de la regla EXW:

- De acuerdo con esta regla, la empresa vendedora no debe realizar la carga de la mercancía. A pesar de ello, en ocasiones se ve obligada porque la empresa transportista no dispone de los medios adecuados para realizarla o su personal no tiene la formación requerida para utilizar carretillas o transpaletas de la empresa expedidora.

  En el caso de que esto ocurra, la empresa vendedora deberá responder de los eventuales daños que puedan derivarse de la carga en aplicación del contrato de transporte, siendo el contrato de compraventa (donde se indica la regla Incoterms pactada) un contrato ajeno a la empresa transportista y por el que no se vincula.

- La empresa compradora es la responsable final de cuándo se carga. Si se produce un retraso se pueden originar pérdidas, deterioro del material, cambios en la programación del almacén, etc. La manera de evitarlo es indicar en el contrato de compraventa la fecha y la hora de carga, señalando sus responsabilidades en caso de retraso, penalizaciones por los cambios ocasionados e identificando el tipo de estiba necesaria mediante una ficha de estiba.

FCA *(free carrier):* franco porteador

Es una regla Incoterms flexible, en la que el lugar de entrega pueden ser las instalaciones de la empresa vendedora, pero también un lugar externo como, por ejemplo, las de un operador logístico o una terminal marítima.

La versión de las reglas Incoterms 2020 introduce la expresión «adquirir bienes entregados», referida a las ventas encadenadas, venta de materias primas, etc.

Se introduce la posibilidad de exigir la realización de una «anotación a bordo» en el conocimiento de embarque *(bill of lading* o BL) para que la empresa vendedora pueda obtener una prueba de entrega en caso de la modalidad «FCA puerto», pero esta eventualidad debe pactarse por las partes mediante el contrato de compraventa.

Posibles incidencias

- Los riesgos son similares a cuando se emplea la regla EXW, en el caso de que la mercancía se entregue en las instalaciones de la empresa vendedora. Si la entrega se realiza en las de un operador logístico, al ser la compradora quien lo elige y contrata, es importante que se conozcan sus horarios de trabajo para evitar incidencias en la descarga y que esta información se haga constar en el contrato de compraventa.
- Entre sus obligaciones, la empresa vendedora debe pagar algunos costos, como revisiones de la carga, control de calidad, conteo, etc. Aunque no se especifica de forma expresa, dado que en las reglas Incoterms 2020 se hace referencia al peso bruto verificado de los contenedores o VGM (siglas de verified gross mass, indicado en el Convenio SOLAS 2014), se entiende que el VGM debe ser realizado por la empresa vendedora. En este sentido, el Convenio SOLAS establece que será la empresa embarcadora quien debe asumir este proceso. En la práctica, la empresa vendedora suele coincidir con la embarcadora, pero puede ocurrir que esta sea, circunstancialmente, la compradora.

  El VGM puede realizarse mediante dos métodos:

  - En un caso, se pesan todos los bultos internamente en el local de la empresa vendedora, o en uno designado por esta, y se añade el peso del contenedor. Esto es perfecto para cargas FCA planta.

    – En otro, si la empresa vendedora no dispone de medios para realizar el pesaje, debe realizarlo fuera de sus instalaciones (báscula externa o báscula de puerto), lo que puede suponer que pierda el control sobre esta fase del proceso de transporte.

CPT *(carriage paid to):* transporte pagado hasta

Mediante esta regla Incoterms se establece que la empresa vendedora asume los costos del transporte hasta el lugar convenido. Se trata de una regla polivalente y multimodal.

Posibles incidencias

Como existe el riesgo de que un envío sea abandonado en destino o no recepcionado, el contrato de compraventa debe identificar qué costos adicionales correrán, en su caso, a cargo de la empresa compradora, y los horarios y fechas en que deben poder entregarse las mercancías en el punto definido

CIP *(carriage and insurance paid to):* transporte y seguro pagados hasta

Mediante esta regla Incoterms, la empresa vendedora está obligada a obtener una amplia cobertura de seguro que cumpla con las cláusulas ICC-A (Institute Cargo Clauses) del Instituto de Aseguradores de Londres o similares, y cubrir un 110 % del valor de la mercancía, si bien las partes pueden acordar un costo inferior.

Posibles incidencias

Si bien la regla CIP especifica que el seguro debe al menos cubrir las cláusulas ICC, debe tenerse en cuenta que hay múltiples tipos de cláusulas y que aunque sería suficiente con las ICC-C, estas no cubren los riesgos de una estiba inadecuada.

DPU *(delivered at place unloaded):* entregada en lugar descargada

Esta regla Incoterms (que substituye la regla DAT *(delivered at terminal):* entregada en terminal, de la versión 2010 de las reglas Incoterms), se refiere a la entrega de la mercancía descargada en un punto definido, especificado con la mayor precisión posible.

En este caso, la empresa vendedora está obligada a descargar la mercancía, pero el lugar designado puede ser otro diferente a la terminal.

DAP *(delivered at place):* entregada en lugar

Esta regla Incoterms, extremadamente flexible, es similar a la FCA pero dentro del tramo de transporte local de la empresa compradora.

La entrega de la mercancía puede realizarse en la frontera del país importador o en cualquier tramo entre esta y el destino final.

En su enunciado se abordan diversos riesgos que puede haber en las operaciones, en particular con el despacho en destino, descarga y otros costos, que se deben especificar en el contrato de compraventa.

DDP *(delivered duty paid):* entregada derechos pagados

Esta regla Incoterms ofrece un servicio integral a la empresa compradora, excepto la descarga en destino, que es siempre por su cuenta. Es especialmente adecuada para esta cuando la entrega de las mercancías requiere alguna especialización (transportes especiales o llave en mano), si el despacho aduanero de país de destino es complejo o si se ha de producir algún trasbordo entre vehículos de transporte por carretera, que puede constituir un riesgo.

Posibles incidencias

- En la regla DDP se exponen diversos riesgos, como los accidentes que pueden acontecer durante el transporte, la posibilidad de que no esté preparada la descarga al llegar a destino el vehículo de transporte, o haber calculado de manera incorrecta los costes de aduana.

  Para evitarlos, es importante establecer en el contrato de compraventa las responsabilidades de la empresa compradora relativas a la descarga, los plazos, las penalizaciones, la contratación de un seguro o incluso contar con su apoyo para evitar dificultades en la aduana, además de identificar el lugar de entrega con la mayor precisión posible

- La empresa compradora puede negarse a la recepción de las mercancías, con riesgo de sufrir pérdidas o deterioro de las mismas, alegando falta de pago de gastos no cubiertos por la regla DDP, como depósitos en tránsito, por ejemplo. Pero si la empresa vendedora cumple la obligación de «entregar la mercancía cuando haya sido puesta a disposición de la compradora», esta debe «tomar posesión de la mercancía tan pronto sea entregada o puesta a su disposición».

**Logística urbana. Manual
para operadores logísticos
y administraciones públicas**

Ignasi Ragàs

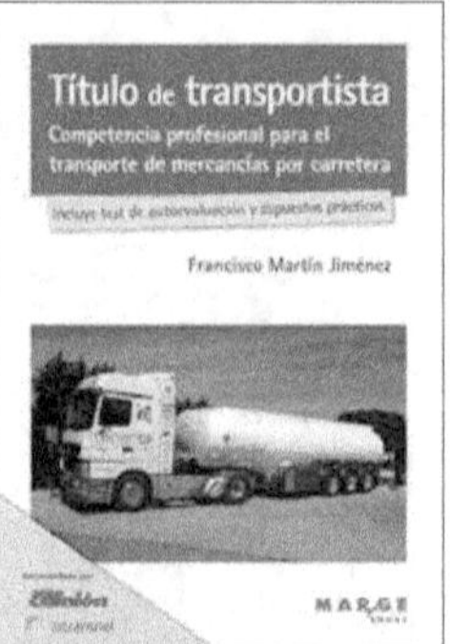

**Título de transportista.
Competencia profesional
para el transporte de
mercancías por carretera**

Francisco Martín Jiménez

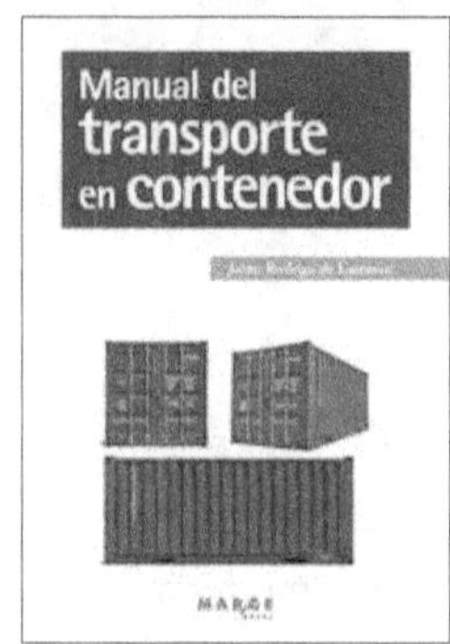

**Manual del transporte
en contenedor**

Jaime Rodrigo de Larrucea

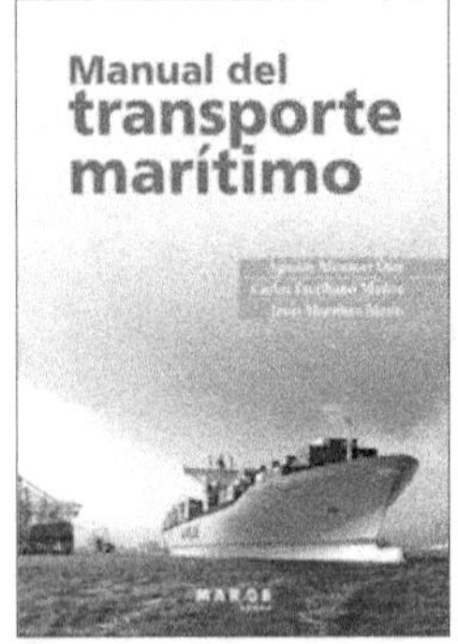

**Manual del transporte
marítimo**

*Agustín Montori Díez, Carlos
Escribano Muñoz,
Jesús Martínez Marín*

**Técnicas logísticas
para innovar planificar
y gestionar. Aurum 1**

Luis Carlos Hernández Barrueco

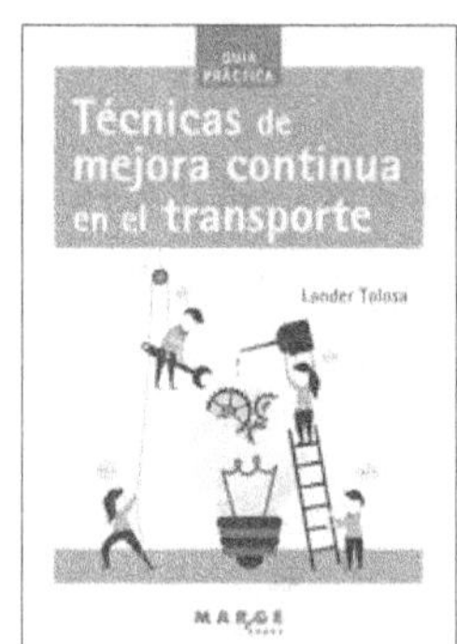

**Técnicas de mejora
continua en el transporte**

Lander Tolosa

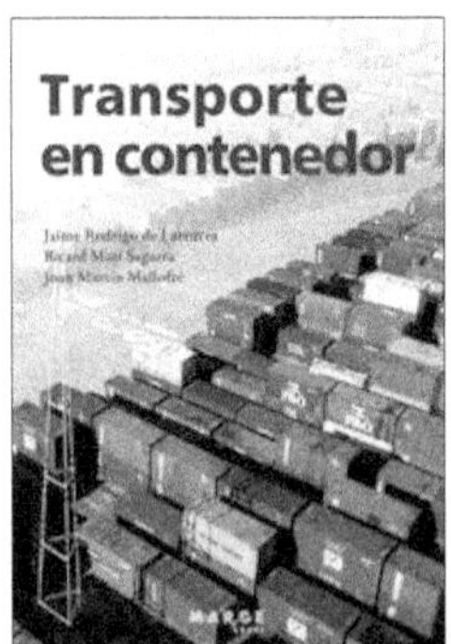

Transporte en contenedor

*Jaime Rodrigo de Larrucea,
Ricard Marí, Álvaro Librán*

**Técnicas para ahorrar
costos logísticos. Aurum 2**

Luis Carlos Hernández Barrueco

El Convenio CMR

*Francisco Sánchez-Gamborino,
Alfonso Cabrera Cánovas*

Transporte de mercancías por carretera. Manual de competencia profesional
José Manuel Ruiz Rodríguez

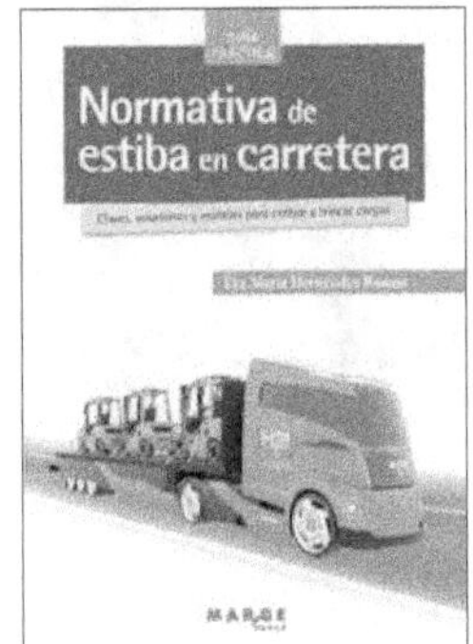

Normativa de estiba en carretera. Claves, soluciones y modelos para estibar y trincar cargas
Eva María Hernández Ramos

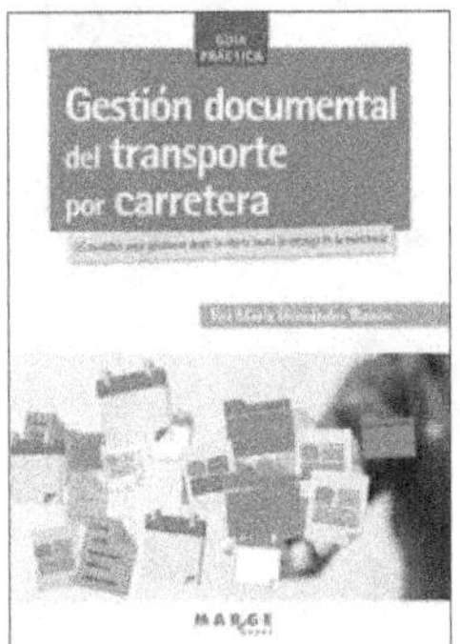

Gestión documental del transporte por carretera
Eva María Hernández Ramos

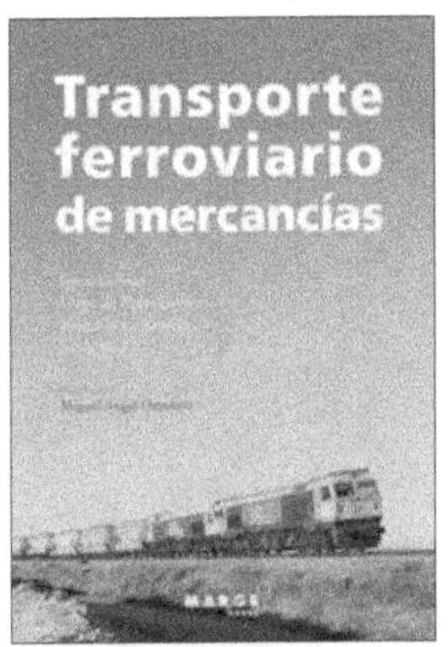

Transporte ferroviario de mercancías
Miguel Ángel Dombriz

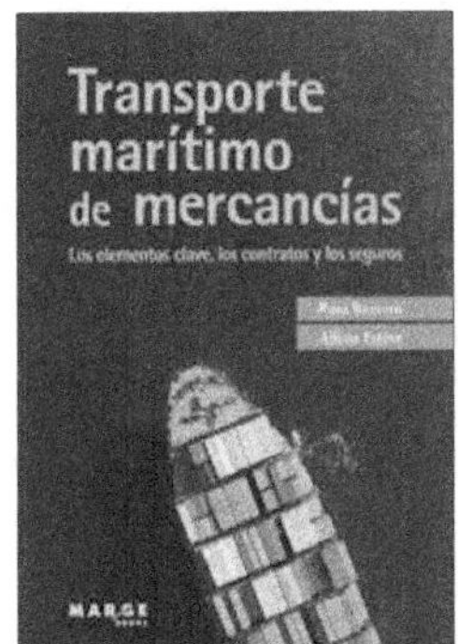

Transporte marítimo de mercancías. Los elementos clave, los contratos y los seguros
Rosa Romero, Alfons Esteve

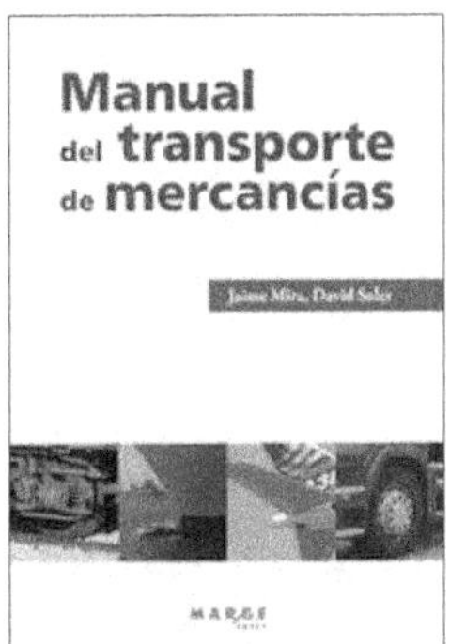

Manual del transporte de mercancías
Jaime Mira, David Soler

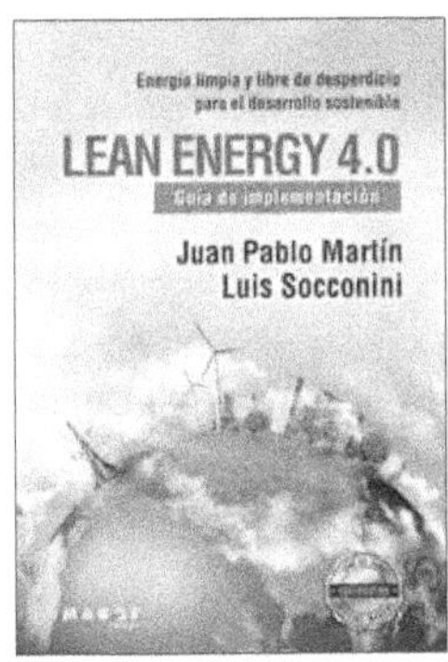

Lean Energy 4.0. Guía de Implementación
Luis Socconini, Juan Pablo Martín

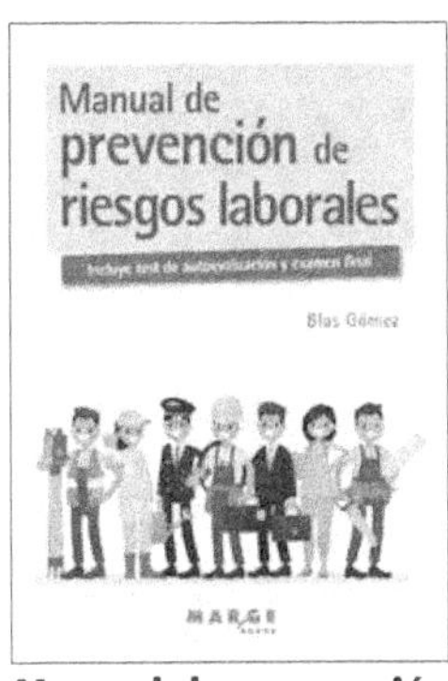

Manual de prevención de riesgos laborales
Blas Gómez

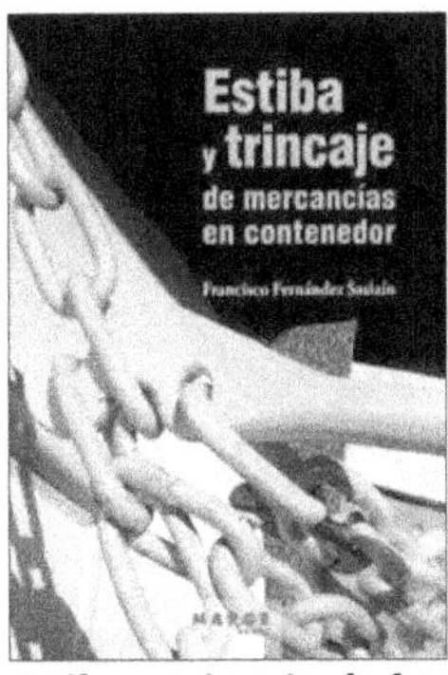

Estiba y trincaje de las mercancías en contenedor
Francisco Fernández Sasiaín

València, 558 – 08026 Barcelona – Tel. +34-931 429 486 – marge@margebooks.com – www.margebooks.com